テーブル左からライオネル・D・エディ、ジョナサン・ベル、ラプラス（JBL）、
後列左からジュールズ・ホフマン、チャック・シンプ、コールマン・モートン
——photo by Drucker-Hilbert Co., Inc.

左からハーディ・ホール、ジュールズ・ホフマン、ジョン・ラプラス（JL）、アル・ドラスド、JBL、チャック・シンプ、マージョリー・フィッシャー、レノ・レンフリュー
——photo by Weaver Photo Service

ウォード・ビショップ（1969年）
——photo by Curtis Studios

前列左からボブ・リンドストーム、ビル・バグナード、JBL、グレアム・ハロウェイ、
ジャック・ターナー（1973年）――photo by H. Lee Hooper

右がボブ・イーグルストン（1964年）

左からワルター・スターン、JL、デヴィッド・フィッシャー（1979年）
—photo by Roger Marshutz Photo

左からビル・ニュートン、マージョリー・フィッシャー、デヴィッド・フィッシャー、JL、キャシー・ウォード、ハワード・ショー、インジェ・アンデノー、ボブ・コゥデイ、ダン・マクミーキン（1981年）
—photo by Bill Varie

ジム・フラートン（1971年）——photo by H. Lee Hooper

左からゴードン・クロフォード、ポール・ハーガ、キャシー・ウォード（1996年）
——photo by Peter Darley Miller

左からレイ・ディエリア、ジム・ローテンバーグ、ボブ・カービィ、ゴードン・クロフォード（1981年）

左からデヴィッド・フィッシャー、カリン・ラーソン、アンディ・バース（1994年）
——photo by Perter Darley Miller

テーブル左からビル・グリムスリー、カリン・ラーソン、JL、ビル・ハート、デヴィッド・リチャード
—photo by Bill Varie

キャピタル 驚異の資産運用会社

チャールズ・エリス
鹿毛雄二＝訳

日経ビジネス人文庫

CAPITAL
The Story of Long-Term Investment Excellence
by
Charles D. Ellis

This translation published under license
with the original publisher John Wiley & Sons, Inc.

Japanese translation rights arranged
with John Wiley & Sons International Rights, Inc., Hoboken, New Jersey
through Tuttle-Mori Agency, Inc., Tokyo.

本文DTP　ガイア・オペレーションズ

この比類なきプロフェッショナル企業の物語を
イェール大学二一代目学長である、敬愛すべきリチャード・C・レヴィンに捧げる

謝辞

愛する妻であり、最高の友であるリンダ・コッチ・ロリマーは、旅先の中国や欧州でも、ニューヘイブンの自宅でも、いつも執筆する私を励ましてくれた。三五年来の友人で、ジャーナリストのハイジ・フィスケは、キャピタルの知識や歴史を調べるうえで惜しみない協力をしてくれた。ランディ・ホワイトストンはユーモアと専門知識を活かして、原稿をより読みやすく簡潔にしてくれた。ジャック・ドナルドとデヴィッド・リンテルスは数え切れないほどの助言をしてくれた。陽気なキンバリー・ブリードは、複雑な原稿に膨大な注釈をつける作業を完璧にこなしてくれた。キャピタルの社員の方々には本当にお世話になった。彼らの貴重な体験談は私の執筆を大いに助けてくれた。心から感謝したい。

チャールズ・エリス

まえがき

チャールズ・エリスが書く本はいつも楽しみなのだが、今回はそれに加えて、そのまえがきを執筆するという大変名誉な依頼を受けた。エリスはこれまで資産運用ビジネスの発展に計り知れないほど貢献してきた。卓抜な着想、証券市場に対する緻密な考察、研ぎ澄まされた知性と豊かな常識に裏づけられた膨大な著作と的確な助言。エリスほど資産運用ビジネスの本質を明快に解き明かしてくれた人はいない。彼の設立したグリニッジ・アソシエイツ社とその優れた著作は、数多くの機関投資家だけでなく、大勢の個人投資家の投資判断をも劇的に改善してきた。

エリスの著作のいくつかは、もはや古典と言ってよい。『敗者のゲーム』は効率的な資産配分を教えるガイドとして、今や資産運用を志す者にとっての必読書である。*Classics*（I, II）と『チャールズ・エリスが選ぶ「投資の名言」』は、運用をアートから科学へと転換させた主要な文献をまとめている。*Wall Street People*（I, II）では、ウォーレン・バフェットからジョージ・ソロスまでの天才的群像を生き生きと描いている。そしてエリスは本書で、世界で最も成功した運用会社「キャピタル・グループ」を初めて紹介している。

この驚くべき会社の物語の作者として、エリスほどの適任者はいない。何しろエリスの設立したグリニッジ・アソシエイツとキャピタルには、多くの共通点がある。その事業分野のすべてでトップクラスであるばかりか、専門能力の圧倒的な高さを誇り、本当の意味での顧客志向を貫いていることだ。ここ数年、アナリストの不正疑惑やインサイダー取引、投信不正事件などが頻発している。しかし、そんな中でも原理原則を忘れずに、長期的な視点から常に最高のサービスを追求する、グリニッジやキャピタルのような会社が存在することに、私たちは救われる思いがする。両社とも、一貫したビジョンと強い影響力を持った人物によって設立され、大きく育て上げられてきた会社である。

チャーリー（エリスの愛称）は聞き役としても並外れた才能の持ち主だ。キャピタル・グループの創設に関わった多くのメンバーとのインタビューを通じ、彼らでなければ知りえないような貴重な発言を巧みに引き出している。超一流のプロたちを一つの組織にまとめ上げ、運用会社としての質を高めていくことの重要性と難しさを知り尽くした、エリスならではの仕事だと思う。

しかし考えてみれば、この本の著者がチャーリーで、私のような人間がそのまえがきを書くというのは、読者の皆さんには意外に映るかもしれない。何しろ二人とも、アクティブな銘柄選択は敗者のゲームであり、このゲームに勝つためには株、債券、不動産投資信託といった資産を、広義の市場インデックスに合わせて長期保有すべきだと固く信じているからだ。市場で数多くの優れた機関投資家がしのぎを削っている以上、長期に勝ち続けることなど不可能である。そう主張するチャーリーが、なぜ、アクティブ運用を命とする会社を評価する物語を書いたのだろうか？

私たちのようなパッシブ運用の信奉者から見ても、アクティブ運用で成功するキャピタルを取り上げるべき理由が少なくとも二つある。

一つは、効率的市場仮説の持つ本質的な逆説の中にある。市場が完全に効率的であるためには、新たな情報が瞬時に価格に反映されるように行動する、多数のプロのファンドマネジャーの存在が不可欠だ。しかも彼らは高額なリサーチ費用を支払うため、平均以上のリターンを稼がなければならない。もっとも、割安・割高の証券を見つけるための途方もない努力のわりには、成果をあげられるマネジャーはほとんどいない、と私は見ている。もし彼らが皆、インデックス投資に向かうようなことがあれば、市場は効率性を失ってしまう。逆説的ではあるが、低コストのインデックス運用が成功するためには、キャピタルのような運用機関が必要なのだ。

第二に、以下の表に示されるようなキャピタルの長期運用の非凡な成績にある。キャピタルの六つのアメリカ株ファンドは、直近の三〇年間、S&P500とウィルシャー5000、両インデックスを大きく上回っているのだ。キャピタル・グループの秘密はどこにあるのか？　大勢のライバルが敗者のゲームを競う中で、なぜキャピタルは成功を収めることができたのか？答えはその組織にある。本書でチャーリーは、同社が長期にわたって成功し続けるために、どのように効率的な組織づくりに取り組んできたかを明らか

キャピタルの投信の運用成績（1973年6月末～2003年6月末）

▼経費控除前インデックス	
S&P500	11.46%
ウィルシャー5000	11.58
▼キャピタルのアメリカ株投信（経費後）	
AMCAPファンド	14.71%
アメリカ成長株ファンド	15.33
アメリカン・ミューチュアル	13.36
ICA	13.25
ワシントン・ミューチュアル	14.02
アメリカ配当株ファンド	12.28

（資料）リッパー、CRSP

にしている。

キャピタルの成功要因をあえて絞れば、次の三点になろう。

第一に、長い時間とお金をかけて熟成させてきた人事政策である。「知識産業」では、えてしてスターがもてはやされ、傲慢なカルチャーが見られるものだ。だが、キャピタルは違う。採用、研修、そしてアナリスト育成プログラムを通じて、チームプレーのできる効率的な組織をつくり上げてきた。社内には信頼感、お互いを尊敬する気風が満ち溢れている。

第二に、複数のファンドマネジャーがポートフォリオを担当するというユニークな制度だ。アナリストを含めた数人のマネジャーが、それぞれポートフォリオの一部ずつに銘柄選択責任を持つ。そこにはスター・マネジャーの生まれる余地はなく、ポートフォリオの資産額が拡大しても、このやり方なら十分対応できる。

第三に、市場環境や流行に左右されない、一貫した運用哲学と投資手法である。運用成果が時にベンチマークを下回るのは避けられない。しかし、そういう時でも、キャピタルの行動は何一つ変わらない。たとえ市場でインターネットファンドのような商品がブームを呼んでも、追随したりはしない。広告・宣伝を嫌い、特に市場で人気のファンドをあおるやり方に対しては、高値づかみするのは一般投資家だ、と批判的だ。運用成果の説明にも、パフォーマンスという言葉すら使わない気の遣いようなのだ。

もちろんキャピタルにも失敗はある。しかし、それをはるかに超える成功を導いてきた人々の物語がここにある。それを語るエリスの文章は優しく、機知に富み、力強さがある。ギリシャ神話に出てくるミダス王とは反対に、彼の手が黄金に触れるたびに、それは生き生きと蘇ってくる。カストディなどの周辺業務についても私は彼以上の書き手を知らない。投資ビジネスに対するチャーリー・エリスの造詣には底知れぬものがあるからだ。ぜひ皆さんにも本書の深い味わいを楽しんでいただきたい。

『ウォール街のランダム・ウォーカー』著者　バートン・マルキール

目次

はじめに

キャピタル・グループほど長期にわたって、多くの顧客に対して素晴らしい成果をあげてきた運用機関はない。世界最大の運用機関の一つとして、顧客だけでなくライバルからも高く評価されてきたが、実はその顧客ですら同社のことをほとんど知らない。非公開の会社だから、ある意味では当然かもしれない。企業としても個々の社員としても、名声は必ずしも顧客の利益につながらない、という経営哲学をしっかり貫いているからだ。

宣伝・広告を一切行わず、メディアをも避ける。同社最大の事業部門である投資信託ですら、社名のキャピタルではなく、「アメリカン・ファンド」という名称を使っている。ほとんどの人が同社の特徴を知らないのも無理はない。まずは簡単なプロフィールをご紹介しよう。

①全米の三本指に入る投信会社。顧客の口座数は二〇〇〇万を超え、トップ一〇ファンドのうち四ファンドを運用
②機関投資家向け運用でも最大手。全米大手機関投資家の三五％、運用資産一〇〇億ドル超の最大手の六五％が顧客
③超一流のアナリストを擁する世界最大の独立系リサーチ会社
④アメリカ、イギリス、カナダ、オーストラリア、欧州、日本の各地で高い評価を受けている運用機関
⑤国際分散投資で世界有数の実績
⑥エマージングマーケットでも最大の投資家

特筆すべきは長期の運用成績である。過去五年、一〇年、二〇年、さらには五〇年以上をとっても、業界全体の上位四分の一以下に落ちたことは一度もない。まさに稀有の例と言ってよいだろう。これほどの人材を集め、効率的に組織化された運用機関は二度と現れないかもしれない。多くの運用関係のプロが働きたい会社のナンバーワンにあげ、友人・親戚に薦めるのも当然のことなのだ。

投資家の期待に最も応えうる会社であるにもかかわらず、将来の予測については一切

語らない。同社中興の祖であるジョン・ラブラスが言うように、勝利の栄光ほど崩れやすいものはないからだ。キャピタルでは謙虚さこそが尊ばれる。過去の実績よりも将来のほうが大切なのである。

この本を読まれる皆さんは、優れた企業における組織とはどういうものか、その作り方、プロのスタッフの管理、戦略的展開について多くを学ぶことができる。その意義は運用機関にとどまらず、あらゆるタイプの専門的組織にあてはまるに違いない。ピーター・ドラッカーの言う「知識労働者」の組織として、キャピタルはその最高傑作と言えるだろう。この卓越した運用機関が作り上げられた要因を整理してみよう。

(1) 長期戦略的な思考

キャピタル・グループは常に前向きである。しかし行動そのものは保守的だ。当面人気が高く、収益的にも魅力のあるアイデアであっても、長期的に見て投資家の利益にならないと判断すれば、ためらわずに「ノー」と言う。もっとも、見込んだ新商品がパッとしないことも往々にしてある。それでも長期的に意義があると認められる限り、同社は先行投資を続ける。市場の流行を必死に追い求めるライバルたちを尻目に、投資家の長期運用を助けていくことこそが会社の発展につながる、と信じて疑わないからだ。

(2) 一貫した目的意識

言うまでもなく合理的な思考と行動が基本原則だ。運用実績は定期的に報告される一方、各人の評価は長期的な経営目標とリンクして行われる。

(3) 社員重視の経営

日々の業務運営や長期戦略からは、驚くほど社員に対する配慮がうかがえる。チームとして高水準の運用成果や顧客サービスを実現するために、人材の採用には大変な時間と労力をかけている。さらに、各人の能力を最大限に引き出すため、研修も含め巨額の投資を行うほか、個人の持ち味を十分生かせるよう絶えず職務分析を欠かさない。運用ビジネスの発展のためには、まずそれを支えるスタッフへの投資が大前提ということだろう。

(4) ユニークな運用体制

独自の運用体制を築いている。一つのファンドをいくつかに分け、それを複数のファンドマネジャーが担当する。一般に運用機関では、資産の増大とともに運用成績が悪化する傾向が見られるが、この問題を解決するために編み出された仕組みなのだ。

(5) 弾力的な組織運営

キャピタルの組織は外部から見れば曖昧で、いい加減に映るほど柔軟だ。意思決定の権限を分散し、常に将来の環境変化に機敏に対応できる余地を残すよう工夫されている。組織の動脈硬化を防ぐ趣旨で、社員の肩書きや幹部職員のオフィスの広さ、あるいは指揮命令系統などはまったく意味を持っていない。また、肩書きは頻繁に変更されている。

(6) しなやかな報酬体系

投資家、同僚、オーナーという三つのコア・グループへの貢献を長期的に評価しながら決めている。

(7) 非公開会社

非公開会社でありながら、広く所有された公平な株主構造は、キャピタル・グループの決定的な特徴の一つだ。

(8) 個性の尊重

エゴや誹謗中傷の類はもちろん禁止だが、チームの一員として高い運用成果を目指す一流のプロが、確固たる意見と強い個性を備えていなければならないのは言うまでもない。

キャピタル・グループは一九七〇年代に重大なミスを犯してきた。だが、その戦略判断ミスも他社よりは少なく、修正も早かった。投資判断上のミスなら日常茶飯事であろう。ミスが避けられないものである以上、その修正と再発防止こそが大切なのだ。多くのスタッフは、過去はもちろん将来とも、キャピタルが決して完璧でありうるとは思っていない。しかし、それを常に意識することで、よりよい会社へ改善していけると信じている。

ナンバーワンになるのは大変だが、ナンバーワンであり続けることはもっと難しい。キャピタルは今日までの成功と、将来もその創造性と競争力を維持するという困難な課題を同時に達成してきた、稀に見る組織である。

組織の成功体験は、とかく自己満足や過信などの「病い」を生み、自らを蝕んでいく。それをキャピタルは防いできた。ラブラスからその息子、そしてシャナハン、フィッシ

キャピタル・グループの成長の推移

年	社員数（人）	受託資産額（ドル）
1931	8	12,269,766
1935	8	18,609,832
1940	17	13,212,232
1945	23	22,336,048
1950	28	36,204,538
1955	30	146,307,522
1960	71	368,065,221
1965	106	1,010,754,319
1970	274	2,653,704,000
1975	304	4,202,831,000
1980	417	11,798,327,000
1985	612	25,985,934,000
1990	1,529	60,322,374,000
1995	3,276	218,316,393,000
2000	5,224	560,654,082,000
2003	6,012	652,991,094,000

（注）2003年は6月30日

ャー、ローテンバーグといった第三世代のリーダーたちに引き継がれてきた同社の経営は、強靱なチャレンジ精神とともに、次の世代へと引き継がれているようだ。

しかし、キャピタルの前途には多くの課題が横たわる。人材に投資しすぎてはいないか？　成功を続けることで、社会から浮き上がってはいないか？　債券運用や富裕層向けビジネスのほうが高収益ではないか？　独特のスタイルは海外で通用するのか？　次世代リーダーたちは、これからも投資家、従業員、オーナーそれぞれに貢献し続けられるのか？　機関投資家が比重を高める中で、パッシブ運用に勝ち続けられるのか？　個々の顧客に合った運用計画作成をどこまで手助けできるのか？　問題の一つひとつに、キャピタル・グループは立派に答えていくに違いない。しかし同社をもってしても、これらの課題を成し遂げていくのは容易なことではないだろう。

第1部　草創期の試練

第1章　創立者ジョナサン・ラブラスの思想

一九二九年のある日、大陸横断サンタフェ鉄道の特急列車の個室で、妻と二歳になる息子を連れ、茶色のビジネスーツに身を包んだ一人の男が、グレート・プレーンズの果てしなく続く大草原をじっと見つめていた。三四歳になるこの男は、これからロサンゼルスに赴き、そこで小さな会社を始めるつもりだった。その会社が、二〇世紀末には世界でトップクラスの資産運用会社に発展するなどとは、当時、誰も夢にも思わなかっただろう。

その男の名はジョナサン・ベル・ラブラス。アラバマ州南部の生まれで、実家は材木業を営んでいた。地元のオーバーン大学で建築を学んだあと、大学で建築と数学を教えるかたわら、フットボールの監督としてチームを優勝に導いた。得意の数学では修士号を取った。

第一次大戦中に陸軍に入隊し、そこで当時の先端技術の洗礼を受けた。三角法の知識と天才的な暗算能力を見込まれて配属された高射砲部隊では、いかに敵機に命中させるかという研究に取り組んだ。そしてフランス戦線で、ドイツ軍機を最初に撃墜する手柄を立て、大尉に昇進した。(1)

この軍隊時代に、たまたま名前がアルファベットで隣り合わせという偶然から、エドワード・マクローンという男と親しくなった。訓練キャンプでも、ヨーロッパ戦線への移動でも、そして前線でも行動を共にしたからだ。

マクローンは第一次大戦後、デトロイトで株式ブローカーの仕事を始めた。のちにメリルリンチとなる会社から独立した自前の会社だった。当時のデトロイトは自動車産業の勃興期で、現在のシリコンバレーのような活気に溢れていたという。クライスラーやGMの経営者などを顧客に擁し、商売は繁盛していた。マクローンはかつての戦友に、この新しいエキサイティングな証券投資の仕事にリサーチアナリストとして参加してもらいたいと考えた。「どんな株を売ればいいか、見つけてほしいんだ」。別の仕事を考えていたジョナサン・ラブラスは、いったんはその話を断った。それでもマクローンは、「ポストは空けておく。気が向いたらいつでも来てくれ」と諦めなかった。

もともとラプラスは、建築以外の分野で生きるつもりではあった。大学を卒業した当時、アラバマに建てられた大きなビルは一つしかなかったからだ。戦争が終わり、カリフォルニアで二人の兄弟と共にナツメヤシ栽培を手がけたものの、戦時中の砂糖不足が解消したため結局は失敗した。そして一九一九年、ラプラスはマクローンの誘いに乗ってデトロイトにやってきたのだ。

E・E・マクローン社に入社したラプラスは、たちまち頭角を現した。まず小規模ではあるが、有能なリサーチチームを立ち上げた。[2]いわば証券リサーチのパイオニアだったと言える。何しろ当時はGNPデータもなく、上場企業も都合のよい時しか財務諸表を発表しなかった。ムーディーズやS&Pの格付けも存在せず、一九二八年一〇月まで

(1) 当時、ラプラスは陸軍の高射砲マニュアルの作成に尽力した。また、大学には行っていないが明敏な戦友のマクローンに三角法を教えたという。なお、ビバリーヒルズの自宅の地下には長い間、撃墜したドイツ空軍機の破片を保管していた。

(2) ラプラスは、ハーバード・ビジネス・スクール、AT&T、財務省(主席統計担当官)、ニューヨーク連銀などから一流の人材を採用した。また、シカゴ大学、イェール大学(アービング・フィッシャー)、ミシガン大学、スタンフォード大学の著名エコノミストを含む顧問会議を作った。

は、ダウ平均の中身はわずか二〇銘柄という時代だ。何もかもが不十分だった。しかも数字は何年か前のものしかないという状態で、彼は統計処理を行い、紛れもなく第一人者としての実績をあげたのである。

投資調査にどの程度の時間を割くべきかをめぐって、ラプラスとマクローンの間には意見の相違があった。というのも、当時の株式引き受け手数料は一五〜二〇％と実入りがよく、マクローンは引き受けを優先したがった。そのための調査に専念してくれれば、ボーナスを弾むとラプラスに提案した。二人の妥協点は、調査はラプラスの思い通りにやるが、引き受け分野には全面協力するというものであった。企業の財務戦略に興味を持っていたラプラスは、引き受けを含むコーポレート・ファイナンスの営業も手伝うことで同意したのである。

ラプラスは当時、スコットランドの中産階級向け投資信託のアイデアを、アメリカに持ち込むことにも夢中だった。個人投資家が投機的に個別株を買ったり売ったりするのはリスクが大きすぎる。それなら投資信託の形にまとめて専門家の運用能力を活用すれば、リスクも分散でき、はるかにメリットがある、というのが彼の考えだった。ラプラスの立案した企画を、マクローンは渋々ではあったが了解した。ただ、それには条件を付けた。投資家の配当利回りのうち、六%を超える部分の半分は自社の取り分とすることと、投資家が一株購入するつど、同数の株を購入できるワラント（権利）を会社に与えること。そして、投資効果を高めるために、その会社型投信に借り入れと優先株という負債を組み入れられる形に設計したのだ。この投信はインベストメント・カンパニー・オブ・アメリカ（ICA）と名づけられた。

これはまったく新しいタイプの商品であった。そのため二人は売り出し前に、規制当局の承認をもらうことで一致した。ミシガン州銀行当局からのゴーサインである。しかし、銀行からの預金流出を懸念した当局は難色を示した。こうして、「アメリカ初の投信」という栄誉は彼らの頭上から滑り落ち、ボストンのマサチューセッツ・インベストメント・ファンドの上に輝くことになった。マサチューセッツの実績を見た後で、州当局は申請を認め、一九二六年三月二七日、アメリカ市場二番目の投信としてICAファンドが誕生した。(3)

（3）ラブラスはICAファンドの五人のトラスティの一人に就任した。また、そのトラスティによって、ICAへのリサーチ供給会社、インベストメント・リサーチ・コーポレーションが設立された。同社は他の投信へのリサーチ販売も視野に入れていた。

一九二〇年代の世界的好況の後押しを受け、彼らのビジネスは高成長を続けた。調子に乗ったマクローンはファンドの借り入れを増やし、株式投資による利益拡大をもくろんだ。ラブラスの反対にもかかわらず、ファンドの借り入れは膨らみ続けた。いったん下げ相場にでもなれば、危険な状態に陥るのは目に見えていた。

当時のマクローン社は、ミシガンの企業の株式引き受けや特定業種・地域向けの投信業務の活況を謳歌していた。全米の企業経営者の多くは、アメリカと株式市場に新時代が来たと超強気だった。もちろん、ラブラスも大成功を収めていた。投資のプロとしても赫々《かっかく》たる成果をあげ、三〇代前半の若さでパートナーに任命された。

しかし、歴史的な上げ相場に人々が浮かれていた時、ラブラスは疑問を持ち始めていた。その疑念は一九二九年の夏になり、いっそう強まった。株式の市場価格と企業の実質価値を分析するアナリストであるラブラスの目には、相場の過熱がはっきりと映っていた。たとえば、ニューヨークのある巨大銀行(4)の時価総額は総資産と同水準で、まるで預金や負債など存在しないかのような高みに達していたのだ。もはやこれまでと確信したラブラスは、同年八月、自分の持ち株と債券のほとんどを売却した。営業戦略を慎重にするようにとマクローンにも忠告したが、聞き入れてもらえなかった。説得に失敗したラブラスは、株式ブローカービジネスから身を退く決意をし、保有する一〇%のマクローン株の売却に乗り出した（後にラブラスは、全額を処分しなかったと説明している。二人は完全に別れたと外部から見られないよう、一部でも残してくれと頼まれ、年末まで一部保有していたという）。九月の暴落は激しいものであったが、年末には若干戻したこともあり、そこでラブラスは残りのマクローン株をすべて処分した。その後三年間で、株式市場がピークの一割にまで暴落していったのは周知の通りである。こうして巨額の富を得て事業から身を引いたラブラスは、カリフォルニアに戻る決心をする。三四歳の時である。

一九三一年、ラブラスはロサンゼルスに小さな投資会社、ラブラス・デニス・アンド・レンフルーを設立した。当時の仕事に役立つ情報を収集・分析するためのものだっ

（4）ファースト・ナショナル・シティ・バンク（現在のシティバンク）である。キャピタルの後の経営者の一人、ジム・フラートンは一九六〇年代初めにラブラスと話をした時のことを記憶している。ラブラスはこう言った。「単純な計算だった。人気沸騰したマネーセンターバンク株のどれを見ても、時価総額が総資産をはるかに上回っていたんだ。そんなことあるはずがない。その価値は当然、総資産マイナス負債であるべきなのだ。総資産に等しいのだから、負債などおよそ眼中にないわけだ。恐ろしいほどの値上がりだった。ほかの多くの株でも同様だった。要するに、その会社を買う時の適正価格以上の株価で、株を買ってはいけないということだ」

たが、のちにキャピタル・グループの中核となる会社の前身だった。この会社にはデトロイト時代の優秀な同僚アナリスト、ライオネル・エディ（シカゴ大学教授）とアルバート・ヘティンガーの二人も加わり、ラブラスを支えた。カリフォルニア企業向けの財務アドバイスなども手がけていた。たとえば電力会社のための料金訴訟の証人、大恐慌による倒産関連事項、未上場企業や同族経営企業の相続にかかる株価評価などだ(5)。

この頃、この会社の将来を方向づけるような出来事が起こった。マクローン社からアメリカン・キャピタル・コープとパシフィック・サザン・コープの二つのファンドの運用を引き継いだうえ、翌年には苦境に陥ったＩＣＡファンドを救うためにラブラスが社長に就任したのだ。エディ・マクローンの主張によって借り入れを膨らませて大量の株式を購入したＩＣＡファンドは、暴落の過程で資産の七割を失っていた。投資家の出資分四〇〇万ドルに対し、借り入れが三〇〇万ドル。出資分は負債のわずか一三三％しかなかった。この比率が一二五％を下回ることになれば、経営権は自動的に債券保有者の手に渡ってしまう。そんな事態を避けるため、ＩＣＡの資産はすべて政府債に投資されるという体たらくだった。同社の取締役会はマクローンに見切りをつけ、大陸を横断して、信頼するラブラスにファンドの再建を託したのである。

当時のＩＣＡファンドの資産は五〇〇万ドルにも満たなかったが、一九三六年にはすべての負債を返済し、その三年後にはオープン・エンド（追加型）に衣替えした。これでようやくファンドの身売り話からも解放され、再建を軌道に乗せられることになった。

その後一〇年の間に、ICAファンドの中身は劇的に好転する。暴落時に裏目に出た借り入れ政策がプラスに働き、小回りのきくサイズであることも幸いした。それに何と言っても、ラブラスの優れた銘柄選択である。この間、ダウ平均は年率七％の上昇だったのに対し、ICAファンドはその二倍の一四％という驚くべき実績をあげた。

しかし、ラブラスの事業全体を見渡すと、当初二〇年間の収支はほぼトントンであった。[6] シニア幹部の一人が当時の様子を語ってくれた。電話代の節約や中古家具の購入な

（5）このほか、グロス・ブラザース（ロッキード株買収案件）、パシフィック・ミューチュアル生命、キャピトル・レコード（設立時の取締役）、ウォルト・ディズニー（最初の社外取締役）などがラブラスの顧客であった。ディズニーとは特に親しく、資金繰りに苦しむ草創期の同社をバンク・オブ・アメリカに紹介したり、映画『ファンタジア』の資金調達にも協力している。

（6）一九三〇年代末の数年間、キャピタルの運用成績は低迷していた。その一因は、投信会社を規制する一九四〇年投資会社法の制定にラブラスが深く関わり、時間を取られたためとも言われる。

ど、経費管理は本当に厳しかった。ニューヨークのオフィスにS&Pの調査レポートなどが送られてくるのは、号が更新された翌年であった。ニューヨークはロスより三時間も早いのに、キャピタルでは一年遅れだ、とスタッフがぼやくほどだった。

ラブラスの経営姿勢は一貫して揺るぎなかった。ファンダメンタル・リサーチ重視と厳しいコスト管理。そして、信頼できる友人たちと働くことを何よりも大切にした。合理的に考え抜かれた規律ある運用と、誠意を尽くした顧客サービスを徹底的に追求した。

多くの場合、ほとんど喋らず聞き手に回りながら、組織を上手に動かしていた。運用会議の席では、発言の要旨や決定事項について詳細なメモを取りながらアドバイスをした[7]。当時のアナリストたちは口を揃えて、企業・産業分析に対する適切な助言で何度も助けられたという。

ラブラスはスタッフをめったに褒めなかったが、短絡的に評価を下すこともなかった。結論を出すまでに長い時間をかけていた。仕事を覗き込むような姿勢は微塵も見せなかったにもかかわらず、それでいて一人ひとりの仕事の中身や様子を詳しく理解していた。社内における世代交代のルールを作り、世代の異なる多くのプロが気持ちよく働ける環境づくりに心を砕いていた。今もこの伝統は息づいている。当時の幹部の一人であるハワード・ショーは、ラブラスは能力とやる気のある社員には十分力を発揮できる場を用意してくれる、それが彼の最高の魅力だった、と述懐している。

ラブラスは「中西部」の価値観を持った企業に力を貸すのが好きだった。深みのあるビジネスと保守的な財務戦略を大事にしていたからだ。対照的に、ニューヨークの投資銀行のような攻撃的な行動をひどく嫌っていた。

企業の長期的な資産価値を決定する際も徹底していた。独自のリサーチを通じ、他人なら見過ごすような投資価値を見出し、これを納得できる価格で購入して持ち続ける方式をとった。そのため売買頻度は他社と比べてかなり低かった。ボブ・カービィは言う。「数字だけでは決して満足しなかったよ。自分が本当に信頼できる経営者にだけ投資していた。よく彼は言ったものさ、『クライスラー社と、そこに買収された会社(8)の唯一の

(7) ニリー・シコースキーがラブラスと最初に出会ったのは一九歳の時だった。「ラブラスはすでに広く尊敬を集めていました。その彼が私の話に注意深く耳を傾け、何かを学びとろうとする態度で接してくれたのです。少しも偉ぶったところのない、本当の紳士でした。そうした深い尊敬の念がなければ、カリフォルニア・クラブでのランチに招かれた時、私は行かなかったでしょう。何しろそこは、ユダヤ人と女性を認めないクラブとして有名で、私はその両方でしたから。彼はさらに気を遣って、チャック・シンプ夫妻も呼んでくれたのです。もう一人女性がいるだけで安心でした。年は五〇歳も離れていたのですけど」

差は何だ？　それはウォルター・クライスラーという経営者の力だ』」

倫理観が人一倍強く、人柄も誠実であった。ロサンゼルスにいる時は特別で、三つ揃いのダークスーツに身を包み、金鎖の懐中時計をチョッキにつなげていた。冷房のきかない夏のオフィスでも、めったに上着を脱ぐことはなかったという。南部なまりのソフトな語り口で、一七〇センチしかないラブラスは、物静かな紳士というイメージがぴったりだった。自らの業績を誇ることもなく、自制心のかたまりのような人だったが、多くの有能な人材を惹きつけた。ラブラス自身、素晴らしい洞察力を持ち、新しい着想に常に前向きだった。[9] 極めて控えめでありながら、積極的にリスクを取れる人物で、若者とも好んで議論をした。

彼の発想は基本的には逆張りで、大多数の意見と距離を置いている。しかし、こうも言っている。「周囲の意見に耳を傾けることも大切だ。皆が売りたがっているなら、ある程度売ってから買い戻すといい。最後まで欲張っていると、ろくなことがない」

現経営陣の一人、デヴィッド・フィッシャーは三〇年以上も前のラブラスとの対話を思い起こす。議論の中身に厳格さを求める一方で、その物腰は柔らかだった。二八歳の頃、ランチに招かれた時のことだ。アナリストの仕事を志した動機を尋ねられてフィッシャーは、経営がしっかりしていてコストが比較的固定している運用会社の場合、株式市場が上昇して資産が増えれば、加速度的に収益が増えるはずだ、という魅力を語った。それに対してラブラスは、資産が増加すれば、それに合わせて人もシステム投資も追加しなければならず、長期的にはこうした仕組みは機能しないだろうと説明した（事実、キャピタルの場合でも、ジム・ローテンバーグが第13章で述べているように、資産の実質成長率とファンドマネジャー数の伸びはともに約七％である）。「ラブラスはいつも、将来に向けた人材投資のことを考えていたんだと思う。それがキャピタル・グループの高い質を支えてきた」とフィッシャーは振り返る。「自分がいなくなった後も、ずっと改善し続けることを意識していたんだ」

ラブラスがアメリカ西部に設立した運用会社の受託資産は、一九三三年の五〇〇万ドルから一九五八年には三億ドル、一九六七年に一一億ドルを超え、二〇世紀末には五〇〇〇億ドルに達した。当初二〇名の社員も、一九六七年には一二〇名、現在では全世界

（8） Maxwell Motor Company
（9） たとえば一九五五年、ラブラスはコールマン・モートンの提案による国際資源株ファンドの立ち上げを支援している。

で六〇〇〇名を超える。キャピタル・グループは世界最大の運用会社の一つであるのにとどまらない。投資家には満足しうる長期運用実績を、株主には高い長期リターンを、そして社員には自己実現のチャンスを提供し続けてきた。名実ともに最高の会社と言えるだろう。とりわけ社員の精神的な面での待遇は厚く、ボブ・カービィをして「キャピタルは魂を持った会社だ」と言わせている。

資産運用会社の成否は、すぐれてそのスタッフの能力、性格、モチベーションの程度に依存する。そして設立時の人々の技量がその会社の将来に決定的な影響を与える。いったん会社の道筋が固まると、後から改良していくのはなかなか難しいからだ。

過去五〇年間、何百という運用会社が設立されてきた。そこでの人材採用は、デヴィッド・オグルビーが述べているように、「一流のプロだけが一流のプロを採用できる。並みの人間は自分以下の人間しか採用せず、結局そうした会社には人材がいない」[(10)]のだ。高度のプロ集団からなる会社を作り上げていくためには、明確な目的意識のもとに継続的に独自の採用政策を実行しなければならない。キャピタル・グループ創立者のジョナサン・ベル・ラブラスと息子のジョンは、優れた人材を集めてきたことで知られている。運用関係のプロの間では、キャピタル・グループは優秀な人材がチームとして生き生きと活躍している会社、できればそこで働きたい会社、という評価が定まっている。同社の幹部は、その人事政策が成功してきた要因を五つあげている。①想像力を駆使した粘り強い人材発掘、②一貫して高レベルの採用基準、③貢献度に基づく権限と報酬制度、④専門性と顧客サービスの徹底した追求、⑤チームプレーの重視。

現実には、会社設立に際し急場しのぎに人を集める結果、後悔することのほうが多いようだ。たしかにキャピタルは輝かしい成果を収めてきたとはいえ、主要な幹部の採用では偶然の要素に助けられたのも事実である。もしコールマン・モートンの父親がアラバマでセメントビジネスを手がけていなかったら（彼はラプラスとアラバマで出会った）、もしジム・フラートンがコールマン・モートンに保険を売り込まなかったら、もしボブ・イーグルストンがジム・フラートンに会わなかったら……。そして、もし彼らが有能なスタッフを見つけるべく、わずかな可能性に賭けようとしなかったら、キャピタル・グループの今日はあっただろうか？　キュリー夫人による名言が、ここでも当てはまる。「チャンスというものは、それに備えている者に微笑むものだ」

（10）Confession of Advertising Man by David Ogilvy, NTC Publishing Group, March, 1994.

第2章　小さな運用会社の仲間たち

第一級の人材を見出し、育てていくことが経営の鍵を握ると確信するラプラスは、キャピタルに次々と有能なプロを採用していった。

初期の主要幹部、コールマン・モートンもその一人だ。モートンは父親のリンドレーを介してラプラスとは不思議な縁で結ばれていた。一三歳で家を離れ、セメント会社で働いたリンドレーは、第一次大戦後、まだ二〇代の若さであったが、ペンシルベニア州にある閉鎖されたセメント工場に興味を持った。所有者である地元の銀行にかけ合うと、売値は一〇〇万ドル。それを頭金一ドル、残りは一〇年払いという条件で購入した。これが大当たりした。セメント事業を拡大する中で、アラバマでジョナサン・ラプラスを知ることになる。のちにラプラスは、リンドレーにICAファンドの社外取締役の就任を要請している。その後、業界の競争が激化したこともあって、買収話が持ち上がったのを機にリンドレーは会社を売り払い、一財産作ってセメント事業から手を引いた。

イェール大学で経済学を専攻した息子のコールマン・モートンは、卒業論文の調査でカリフォルニアに行った時、父親の旧友ジョナサン・ラブラスのオフィスを訪ねている。大学を卒業し、第二次大戦に応召した後、一九四五年にジュニアアナリストとしてキャピタルに入社した。一年後、父親の石油掘削業を手伝うために退社したものの、油田を発見できず、再び一九四九年にキャピタルに舞い戻った。猛烈に働き、目覚ましい成果をあげた。一時は自社株の一〇％の保有（オプションとして最高二五％まで）を認められたほどだ。

長身で押し出しもよく、イェール大学でも優等生だった。ほとんどのキャピタルの社員が地味な服装なのに、ロンドンのサビル・ロー仕立ての洒落た背広を着て、胸ポケットには毎日違ったチーフを入れていた。国内外の一流クラブの会員となり、いつもその振舞いは自信に満ち溢れ、見るからに社長という雰囲気を漂わせていた。果敢でアイデアマン、代表的なファンドマネジャーでもあった。対外的にも積極的に発言するなど会社のスポークスマン的な存在で、同業者や証券界などからも高く評価されていた。しかし、初期キャピタルの人材はモートン一人に止まるものではなかった。

ハーディ・ホールの場合は、一九三六年にアナリストとして入社した。ニューヨーク駐在の唯一のアナリストとして、東海岸の企業調査を担当し、同時にウォール街の証券会社との窓口ともなった。彼はジョージア工科大学出身のエンジニアで、株価を動かす論理を解明することに執念を燃やしていた。企業収益こそその鍵だと考えて、利益が四分の一以上下落した企業をしらみ潰しに分析したこともあった。

チャック・シンプは、シカゴの有名な調査会社ダン・アンド・ブラッドストリートに数年勤めた後、入社してきた。一九五〇年には、同社第二の投資信託であるアメリカン・ミューチュアル・ファンド（ＡＭＦ）の立ち上げをほとんど一人で成功させた。例を見ないほど正直な性格で、毎日の売上税を几帳面に記録していた。長年かけて築き上げてきた自分の社内的地位にも誇りを持ち、若い社員から「ミスター・シンプ」と呼ばれるのをとても喜んだ。

デトロイト駐在のジュール・ホフマンは製造業を担当し、なかでも自動車産業のエキスパートだった。毎日三〜四社は企業訪問し、その日のうちに五〜六頁のレポートに仕上げ、翌日には提出していた。愛想をよくしていれば情報は自然に舞い込んでくる、というのが口癖だった。

一九四八年頃のキャピタルはまだ小さな会社だった。社員数は一六名にすぎず、運用資産もファンド二本で一七五〇万ドル程度だった。発展の方向はまだ見えていなかったが、事業確立に向けて大きく踏み出すきっかけとなったのは、一九五〇年のAMFの新規売り出しだった。次いで、大幅に額面を下回っていたセキュリティ・カンパニー・ファンドを併合したAMFは、資産残高が一〇〇〇万ドルを超えることになり、ようやく収支も安定してきた。証券会社からの信頼も高まり、店頭販売する第二の投資信託が誕生したかと思う間もなく、第三のワシントン・ミューチュアル・インベスターズを発表するという勢いだった。

一九五四年には、相場の活況[1]と投信販売の増加に支えられて、キャピタルは大幅な黒字を計上する。収益力をつけたキャピタルに自信を深めたラブラスは、いよいよ自社株を経営幹部にも持たせる方針を打ち出した。

ラブラスの人材採用の中で最も重要なケースの一つが、息子のジョンだった。簡単に運びそうに思われたが、ひどく難航した。プリンストン大学で経済学と社会学を学び、産業心理学に強く惹かれていたジョンは、父親の会社に入ることなど微塵も考えていなかった。二人は深い敬愛の念で結ばれていたものの、いつも息が合うわけではなかった。

偉大な父親の影響を強く受けて育ったジョンは、父親からは独立した人生を歩みたいと思っていた。父親に従って生きるとか、父親が設立した会社だから跡を継ぐなどという生き方は嫌だった。だから学生時代にロッキード社で夏季講習を受け、卒業後はパシフィック・ファイナンスに入社した。一年後、息子が今の会社に満足していないと知ったラプラスは、「この仕事は、お前の得意な、人と数字を扱うものだ。仕事を探しているなら、一度試してみたらどうだ。気に入るかもしれない。今、気に入らなくても、将来私に何かあった時の参考にはなるだろう」と勧めた。

ジョンは半信半疑のまま一九五一年一〇月、ロサンゼルスの統計担当として入社した。半年後と二年後に再考する約束だった。長居をする気などなかったのだ。最初の半年はとりあえず過ぎた。一八カ月たっても、もう少し居たいという気持ちにはならなかった。しかし、父親の病気がその後の彼の人生を決定することとなった。

一九五三年に突然、狭心症がジョナサン・ラプラスを襲ったのだ。五八歳の時だった。最低でも一年の休養を取るように医者は忠告した[2]（ジョナサンは一九七九年に八四歳で亡くなるまで、その後二六年生きた）。その影響は直ちに経営に現れたが、運用面にははっきりと出

（1）一九五三年九月から翌年九月にかけて相場はほぼ五〇％上昇し、その時点でようやく一九二九年のピークの水準を回復した。この間、二五年かかったことになる。

てきたのはその一、二年後だった。

ラブラス一人に集中していた権限は、ハーディ・ホール、コールマン・モートン、チャック・シンプの三人で分担することになり、社長にはホールが就任した。この時点では、ジョン・ラブラスはまだ経営には関わっていなかった。

「ラブラスの病気は我々に対する警鐘だった。どの仕事でも、一人のマネジャーに任せきりではいけないということを教えてくれた」と後にボブ・コゥデイは述べている。

ジョナサンが狭心症で倒れた翌年、今度はジョンの二番目の子供が幼くして亡くなった。度重なる不幸に見舞われたジョン・ラブラス夫妻は一九五五年、娘を連れてニューヨークに移ることを決める。そこで一年間暮らし、ハーディ・ホールの仕事を手伝うかたわら、若いアナリストの教育にも没頭した。東部の事業会社を訪問させると同時に、ウォール街の証券会社との直接交渉にも当たらせた。投資銀行の強みと弱みを肌で学ばせるのが狙いだった。以後、キャピタルのニューヨーク・オフィスはアナリストにとって必須の研修コースとなった。

ジョンがロサンゼルスに戻った後、ニューヨークの仕事を引き継いだのはハワード・ショーだ。ショーはロングアイランドの出身で、ハーバード・ビジネス・スクール在学中から投資に強い関心を持っていた。二年目の時、ひどい自動車事故に遭い、その時に得た補償金六〇〇〇ドルが最初の運用資金となった。ファイナンスと投資を専攻していたショーは、アルバート・ヘティンガーの講義を聴いて感動し、教官室に彼を訪ねた。その時、ヘティンガーは企業のアニュアルレポートに目を通していたが、キャピタルについて意見を求められると、素っ気なく「いい会社だ」とだけ答えた。デトロイトでジョナサン・ラブラスの調査部長をしていたことや、今もキャピタルの顧問をしていることには一言も触れなかった。

（2）ラブラスは一見、厳めしい雰囲気を漂わせていたが、とてもユーモアがあった。「ラブラスにとっては仕事が最高の息抜きだったからね」とジム・フラートン。「だから彼の引退後も、彼にとって引退とは、週末に働かないことですね、とからかっていた。ある日、彼のオフィスを訪ねて、時計が四時二〇分を回っているのに気づき、『えー、もう四時二〇分かい？』と言うと、くっくっと笑いながら、「少し疲れたなと思ったら時計に目をやるんだ。すると決まって夕方だ、すぐ帰らなきゃ。時計のほうが気を遣ってくれるのさ」。フラートンが披露してくれたもう一つのエピソードは、ラブラスとニューヨークに出張した時のことだ。「ジム、今夜のワールド・シリーズの切符が二枚手に入ったんだ。一緒に行こう！」「実は販売証券会社と先約があって、残念ながら行けそうもない」。ラブラスはきっとなったふりをして、「君のビジネス判断は大丈夫かい？」

かなりの数の投資会社に履歴書を送って不調に終わるうち、ショーはキャピタルから誘いを受けた。ロスの会社だと聞き、「ハリウッドと映画の町としか知らず、とても資産運用と関係があるとは思わなかった」が、選り好みしている余裕などなかった。ニューヨークでハーディ・ホールとジョン・ラブラスの面接を受け、[3]一九五六年春に入社が決まった。当時のキャピタルは三つのオープンエンド型投信と、クローズドエンド型のパシフィック・アメリカン・ファンド[4]を運用していた。ハーディ・ホールの運用するICA、ジョナサン・ラブラスのアメリカン・ミューチュアル、ジョン・ラブラスのワシントン・ミューチュアルの三つと、コールマン・モートンのパシフィック・アメリカンである。ショーは最初の運用会議で、旧師ヘティンガーと再会する。

あまり意識されていないが、資産運用会社の骨格は、設立当時のかなり偶然な、いくつかの意思決定によって決まってしまうようだ。会社は、強烈な個性を持った創業者のそれまでの運用経験と個人的事情を色濃く反映し、多くの場合、創業者の名前が社名となり、創業者も自分の会社と考える。しかし、そうした影響力は時間とともに薄れていく。

キャピタル・グループの場合はかなり異質である。ラブラスは設立後二〇年間、長期的に質の高い組織を作るため、赤字を個人的に負担し続けたのだ。したがって、将来トラブルの種となりうる第三者の株主は存在しなかった。さらに重要かつ異例なことに、会社が軌道に乗ってからは、必要なら貸し付けを行ってまで従業員に自社株保有を勧めたのである。一般に株主は早期の配当や株価上昇を期待しており、悠長には構えてくれないものだ。その意味で「時間」は希少資源であり、立ち上げ早々の企業にとってはなおのことそうである。ラブラスのキャピタルに対する最大の貢献は、組織として展開するための十分な「時間的」余裕を与えたことと言ってよい。

(3) オープンエンドのミューチュアル・ファンドは、その純資産価値を価格として一日二回、投資家からの売買注文を受け付ける。新規投資家の購入や既存投資家の解約希望に対してオープンである。一方、クローズドエンド型の投信はいったん設定されると、投資家からの売買注文は受け付けない。もともと満期保有が前提である。

(4) 一九五六年にパシフィック・アメリカンはアメリカン・ミューチュアルと併合される。

第3章　スター・プレーヤーはいらない！

――複数ファンドマネジャー・システム

画期的な技術革新で、最初から完成していたケースは稀だ。当初は、何とか問題を解決したいという努力の中から、こうすればどうかといった優れた着想がおぼろげながら浮かぶ。そして試行錯誤を繰り返しながら、だんだんはっきりした形になってくるケースがほとんどだ。そのうえ大きな成功につきものの、幸運にも恵まれなければならない。

キャピタルの偉大な技術革新は、数名のマネジャーによるファンドの担当制という仕組みである。従来のやり方に問題が生じて試行的に始めたものだが、初めからうまくはいかなかった。それに工夫を重ねて、粘り強く改善を続けていったのだ。

本来、運用会社は、継続して高い運用成果をあげると、顧客資金が急速に集まってくる。そうなると、資金量が組織の運用能力を超えてしまい、成績を悪化させるという矛盾にぶつかる。過去五〇年の業界の実績を見ても、その成績を一〇年ずつに分けて見ると、最初の一〇年のトップグループの半分は次の一〇年後には脱落してしまう。三〇年間もトップグループに居続ける運用会社など見当たらない。キャピタルはその例外中の例外である。複数マネジャー・システムが、この受託資産拡大に伴う問題の解決に画期的な効果をもたらしたのだ。

トップレベルの運用成績が続く会社には、さらに別の問題もつきまとう。主要ファンドマネジャーに対する引き抜き攻勢や、彼らの独立、あるいは単純に不振に陥るといった事態だ。会社としては人を代える必要に直面しても実際には難しい。また、頭角を現した若手マネジャーたちはより広い権限を要求したがるが、これも現実的でないことが多い。こうした受託資産拡大に伴う問題は、つまるところ、個人のエゴと企業の長期的な成長戦略とのせめぎ合いとも言える。キャピタルはこの問題を、会社の成長を第一に考えたうえで、複数マネジャー・システムという解決策で乗り切ってきたのである。

キャピタルでも当初は、四つの投信をそれぞれ一人のマネジャーが担当していた。ところが、この仕組みに黄信号が灯った。一九五八年、ジョン・ラブラスはいつも通り控えめな調子で指摘した。「一九五〇年代後半の運用成績は、期待水準に達しなかった。

問題は委員会方式にあるようだ。委員間の意見の相違が大きいと、特によくなかった」キャピタルの主だったファンドマネジャーは、いい意味であくが強く、運用の仕方にもそれぞれ特徴があった。それだけに運用会議の場はしばしば激論となった。しかし、委員会方式による意思決定となると、結果は妥協に流れやすい。そのため、創造的な発想や合理的な筋道、敏速な行動などは犠牲にされがちである。時に矛盾する意見を調整し、コンセンサスに導こうとすれば、個人も組織もへとへとになってしまう。こうした問題点は運用面で特に深刻に現れる。なぜなら、最もうま味のある初期の段階における優れた投資判断も、最初から確固とした根拠に基づくようなものでもなく、また傍目には非常識に映る場合も少なくないからだ。もしも高い投資成果が、創造的な考えと、世の中の大勢と違った、時にはまったく不人気な投資判断によってしか得られないとすれば、優れた投資判断は、その結果に直接責任を負う立場の者にしかできない。

この頃、キャピタルでは、当初独立に運用させていたはずのファンドが三～四年後には驚くべき様相を呈していた。成長志向のインベストメント・カンパニー・オブ・アメリカ（ICA）・ファンドが、保守的運用のはずのアメリカン・ミューチュアル・ファンド（AMF）よりも保守的となっていたのだ。たとえば、一九五七年にソ連が人類初の人工衛星スプートニクの打ち上げに成功した時、アメリカの株式市場は経済の先行きを懸念して下落した。これを見てハーディ・ホールは、ICAファンドの株式組み入れ比率を引き下げ、解約に備えることにした。対照的にAMFのラブラスは、当時のアイゼンハワー大統領の手腕を高く評価し、むしろチャンスと考えて積極的に買い進めていた。このように、ファンドマネジャー間の手法の違いが、相補うというよりも、対立関係をもたらすようになっていたのだ。

たまたま二人とも引退を間近に控え、その後任の候補にはコールマン・モートンとジョン・ラブラスという、まったく違うタイプのマネジャーの名前があがっていた。しかし、もはや誰の目から見ても、従来型の委員会方式でも、ファンドごとにマネジャーを指名するやり方でも、うまくいきそうにないのは明らかだった。

とにかく新しいアイデアが必要だった。この時、ジョン・ラブラスが思いついたのが、二つの手法の利点を生かす方法だった。この複数マネジャー・システムは、結果的には、伝統的な手法よりも優れていることを立証することになる。

そのやり方はこうだ。AMFとICAファンドをそれぞれ四等分し、それをホール、モートン、ジョナサン・ラブラス（シンプが補佐）、ジョン・ラブラスの四人が別々に分担する。各ファンドの運用結果は四人の成績の合計というわけである。

ジョナサン・ラブラスは、この話を初めてジョンから聞いた時、双手をあげて賛同した。このアイデアに「複数マネジャー・システム」というキャッチフレーズまでつけようとしたが、改革に伴う摩擦を懸念したジョンの意見を入れて取り止めた。(1)「何とかしなければと、皆考えていた」とジム・ローテンバーグは言う。「受託資産が拡大していけば、全取引をモニターすることはだんだん難しくなる。それでもキャピタルが成長を続けるためには、ファンドが一人のマネジャーに頼るというリスクを回避する必要があった」

複数マネジャー・システムは一九五八年四月一日に産声を上げた。まだ事務処理はすべて手書きだった。「まるでエイプリル・フールだな」と揶揄する声が一部から上がった。しかし九カ月後、ワシントン・ミューチュアル・ファンドもこの仕組みを採用した。この独創的な制度は、問題解決のための現実的な対応として生まれたものだが、次第

(1) 複数マネジャー・システムは英語ではMulti-Counselor Systemである。Counselorはアメリカの投信業界で使われている用語だ。本書では、一般的に使われるファンドマネジャーという言葉を用いているが、機関投資家運用ではポートフォリオ・マネジャーが使われている。なお、ジョン・ラブラスは、このアイデアがうまくいかなかった時は自分が全責任を負うつもりだったと述べている。

にキャピタルの運用の仕組みにおける中核的コンセプトに育っていった。

四〇年後、ローテンバーグはその頃を振り返って言う。「複数マネジャー・システムのコンセプト自体は、ジョンが作り上げたものだ。しかし、父親のジョナサンの強力な後押しがなければ、実現は難しかった。ジョンはキャピタルに来てまだ日が浅かったし、新制度は奇抜すぎるとか、うまく機能しないだろう、という理由で反対する者も少なくなかったからだ」

事実、実務的には大変だった。このシステムを管理するバックオフィスのソフトを作るだけで、一億ドルもの費用がかかったうえ、絶えずアップデイトする必要があった。ローテンバーグが述懐するように、「当初我々は単純でメリットのある仕組みとしか考えていなかったが、スタートして見ると大違い。試練と改良の連続だった」

手作業の管理部門を担当していたボブ・イーグルストンによれば、「複数マネジャー・システムは、マネジャー交代の難しい時期に試行的に導入されたものだ。ジョンは運用資産の増加がもたらす幾何級数的な運用部門への負担を回避し、上位の成績を維持するために考え出したものだが、軌道に乗るまで数年かかった」

「ラプラスはこの方式を極秘扱いにしようとしていた」とコールマン・モートン(2)は言う。「まったくユニークな手法だった。現実に動かすには骨が折れたが、我々は成功したと思っていた」。同業者に感づかれないよう秘密にしようという者もいた。ボブ・コゥデイはしかし楽観的だった。「誰かが真似しようたって、それは無理だ。本質を十分理解していなければ、かえって滅茶苦茶になるだけさ」。コンセプトは三〇秒で要約できるものの、中身の説明には膨大な時間がかかると皆、実感していたからだ。

複数の部分からなるポートフォリオを、全体として管理・評価する実務は複雑を極めた。ファンドマネジャー間の誤解やミスを防ぐため、細部まで目を配らなければならず、ひどく手間がかかった。[3]そのうえ、一流プロの共同作業から生まれてくる個人的な反目を調整するため、強力なリーダーシップを持ったまとめ役が必要だった。

(2) コールマン・モートンは後にトラスト・カンパニー・オブ・ウエストに移ってから、このシステムの一部を使っている。また、いわゆるファンド・オブ・ファンズも、多くのポートフォリオを一つに統合して管理するという意味では、これと似た面がある。

(3) この仕組みの中ではいろいろ工夫がなされた。たとえば、あるマネジャーが株を売ろうとする場合、まず同じファンドを担当する別のマネジャーに売り注文が伝達され、そこで買い手がつけば、売買は内部的に処理される。マネジャーの運用成績は、そこで売買が行われた前提で評価される。社内に買い手がいない時だけ市場に売りに出された。問題は他のマネジャーがその株の売りに反対した場合で、その時に限っては個別に処理された。

とはいうものの、当初は混乱の連続だった（第9章、第10章参照）。スター・マネジャー・システムへの憧れがその主因だった（実はこのスター・システム志向が、他社で複数マネジャー・システムを導入しない基本的な理由である）。このシステム導入の難しさを典型的に物語るのが、子会社のキャピタル・ガーディアン・トラストでの失敗だった。何しろ一つのファンドを二分して、二人のマネジャーに別々に運用させ、それを足し合わせるというだけのものだったのだ。二人の運用スタイルは違いすぎ、お互いのコミュニケーションもなさすぎた。したがって、運用委託をしている顧客間の成績もばらばらになってしまい、しかも顧客にとってその差は極めてわかりにくかった。こうした点は年金基金のマネジャー採用に助言するコンサルタントにとっても、到底受け入れられるものではなかった。

「このシステムはすべてにおいて申し分ないのだが」と言って、あるファンドマネジャーは声をひそめた。「あまり慣れてないお客に説明する点だけが困る。成績が悪く、手法もはっきりしないと、顧客は運用報告の席上、個別の銘柄について突っ込んでくるものだ。いくら我々でも、一〇〇近い銘柄すべてを隅々まで知っているわけではないからね」。それでも、社内の運営規律の整備が進み、運用成績も好転するにつれて、このシステムに対する顧客やコンサルタントの評価は徐々に高まっていった。

今日ではこのシステムは、受託資産の増大に伴って顕在化する問題に対応する、極めてユニークかつ強力なプロセスとしてキャピタルに定着している。個々のファンドが増額すれば、それに応じて随時ファンドマネジャーが追加されていく。各ファンドマネジャーにしてみれば、適正規模の（部分）ポートフォリオを担当することになり、それぞれの担当部分の運用にベストを尽くせばいいわけだ。

通常、キャピタルでは大規模な投信ともなると、六〜七人のマネジャーによって担当され、彼らが担当部分について一切の権限と責任を持つことになる。そして、それぞれ複数のポートフォリオを運用し、その全体に対して評価を受ける。彼らは同僚ではなく、基本的にベンチマークを相手に戦う。もっとも、報酬は過去四年間の運用成績（加重移動平均）に直接リンクしているので、そういう形での内部の比較は存在している。各マネジャーの運用成績はファンドマネジャー全員に定期的に報告される。ポートフォリオ評価システムが毎日、毎週、毎月ベースで報告するのである。

運用に関する情報は、初期の頃は各ファンドマネジャーの胸にしまい込まれていた。

今では銘柄選択や売買の情報は即時公開され、共有するようになっている。それがこのシステムのいいところだ。もちろん、そうした仲間の情報を得たうえで、どう判断するかは個々のマネジャーの自己責任だ。ビル・ニュートンの担当する三〇億ドルのニュー・パースペクティブ・ファンドでは、なんと保有するのは九銘柄だけだった。「本当に買いたいものしか買わないんだ」とビルは言う。社内のコミュニケーションも格段にわかりやすくなった。何しろ「この株を今、市場で二〇万株買う」と言うだけですべてが伝わるのだ。

結果的にファンドのポートフォリオは、銘柄についてはもちろん、マネジャーごとのスタイルや、市場に対する見方の面でも分散されている。ただ個々のマネジャーは、ポートフォリオ全体の望ましい分散やリスク管理には責任を持たない。ファンド全体の運用責任は投資委員会の役目だった。委員会が目的に沿った運用がなされているかどうかをチェックし、マネジャー間の調整を行うのだ。

複数マネジャー・システムのメリットは、次の四つに要約されよう。

①報酬に直結した明確な個人の権限と責任

②結果に対する客観的な評価

③プロとしての高い満足度
④高度に分散されたポートフォリオ

複数マネジャー・システムのもとで意思決定の権限が分散する一方で、運用成績が安定化してきたことは、キャピタルの国際化にも多大な影響を与えた。「大手の顧客ともなれば」とローテンバーグは説明する。「運用力の評価基準として、プロセスと結果の一貫性を何よりも重視する。そのためキャピタル・グループのどの国のオフィスでも、共通の運用目的、運用プロセス、全般的な対応が求められる。しかし、実際には国によって歴史が違ううえ、特殊性もある。異なった運営をせざるをえないのが実情だが、この違いは縮めていかなければならない。その場合でも我々は、個性と創造性を損なわないように十分な注意を払っている」

このシステムはアナリストの成長をも促した。彼らは比較的早い段階から実際の投資に関わる。最初は担当業種への投資を一～二銘柄から始め、段階的に拡大していく。なかには巨額の投資を積み上げる猛者もいた。アナリストにとっては、自ら推奨した銘柄が実際の投資に直結するわけだから、これ以上やりがいのある仕事はなかった。

このように結果がオープンであることは人事にも影響し、同僚による評価が当然のように導入された。ボブ・イーグルストンによれば、「よくできた制度で、何か人事上の問題が起こると、早期に対処できるようになっている」。ただ、問題のある運用のプロがいたとしても、彼を外すかどうかは最低でも三年かけて丁寧に検討された。キャピタルの運用自体が結果を出すのに時間がかかるのと同じ理屈なのだ。キャピタルでは、複数マネジャー・システムの意義について次の表のようにまとめている。

特筆すべきはアナリストの活用だった。一九六二年にアナリスト側から出されたアイデアは、市況低迷のために立ち消えとなっていたが、一九六五年にボブ・イーグルストンがジョン・ラブラスの後を継いでリサーチ・ディレクターに就任して日の目を見た。イーグルストンは、複数マネジャー・システムの中にアナリスト勘定を設け、直接売買責任を持たせたのだ。その後、アナリスト勘定はしばしば素晴らしい成果をあげ、今では投信と年金双方で重要な役割を果たしている。

驚くべきことに、こうした複数マネジャー・システムが高い運用実績をあげ、他の大手運用会社の多くがファンドの成長とともに運用成績を低下させていったにもかかわらず、追随した会社はほとんどなかった。なぜだろうか？

投資判断上のメリット

	専任ファンドマネジャー	+ 委員会による決定	= 複数ファンドマネジャー・システム
独創的なアイデア	✓		✓
多様なアイデア		✓	✓
分散投資		✓	✓
ファンドマネジャーの責任明確化	✓		✓
ファンドマネジャーの充足感	✓		✓
アナリストの責任明確化			✓
アナリストの充足感			✓
ファンドマネジャー退職の際の連続性		✓	✓
運用成果の一貫性		✓	✓
顧客ポートフォリオのメリット	独創的なアイデアによる効果	分散投資とリスク管理	左記2点の合成効果

一つには、もともと資産運用ビジネスが高収益で、さらなる技術革新の動機に乏しいことだ。しかし根本的には、社内で力を持った中心的なファンドマネジャーは、運用に専念するあまり、社内の体制改善には目が向かないということなのだろう。もっとも、多くの運用会社の（特に短期的な）高収益の裏には、キャピタルと違って、長期的には必要な人材・システムへの投資を怠ってきたツケが隠されているのだ。

複数マネジャー・システム

は、キャピタルのように、個人のエゴよりもチームプレーを優先する文化を確立した会社にして、初めて機能する仕組みと言える。

第4章　チームリーダーの発掘

ジョナサン・ラブラスにカリスマ性は微塵もなかった。その控えめな性格は、そのままキャピタル・グループの企業文化になったと言えるだろう。彼は頭脳明晰にして常に自己抑制を心がけていた。その物静かな雰囲気は、長期運用にとっても、高度な専門家集団を管理するうえでも最適であった。投資判断を下したり新しい事業展開を決定する際も、部下のアイデアを大事にした。しかし、いざとなれば、いつでも自ら決断し陣頭に立つ強力なリーダーシップを発揮した。

投資信託の創設、苦境にあったICAファンドの買収、AMFの売り出しやワシントン・ミューチュアル・ファンドの立ち上げ、投信販売会社の設立、ベンチャーキャピタルへの参入、そして複数ファンドマネジャー・システムの導入など、その例は枚挙に暇がない。

その後を継いだ息子のジョン・ラブラスも、キャピタル・グループの社長を四〇年間務め、複数マネジャー・システムの設計と具体化、持株会社制への移行、数々の重要な買収の実行、積極的な国際展開、そして人事・処遇制度と社員の自社株保有制度の整備など、多くの経営戦略をリードした。

キャピタルの長期的発展の基礎は、一九五〇年代後半から一九六〇年代にかけて築かれたが、それは一見すると、いくつかの偶然と幸運の結果のようにも見える。だが、本質的には明確なビジョンを実現させようとする、想像力あふれた不断の意志の賜だったと言ってよい。

この時期のハイライトの一つは、中核となる人材採用である。

その一人、ジム・フラートンは異色の人物だった。スタンフォード大学を経てハーバード・ビジネス・スクールを卒業した後、「物価も安く、ポロの盛んな」メキシコに行き、作家としての道を歩み始める。しかし数冊の短編小説を書き上げた後、作家の道をあきらめ、保険セールスに転進する。そこで運良く、キャピタルの幹部、コールマン・モートンの目に留まる。彼に依頼されて書いた個人保険業界の包括的レポートが高く評価されたことが、入社のきっかけとなった。ジョナサン・ラブラスは常々、数字に強い若者を見つけてくれと言っていたのだ。フラートンは数字と言語、そして人を惹きつける類い稀な才能を持っていた。(1) 細身で長身、そしてハンサムであった。ひたむきな性格と温かなバリトン、巧みな話術で周囲を楽しませた。

一九五七年に入社すると、すぐ全米の人材採用の担当となった。(2) ペンシルベニア大学のビジネススクールでは、就職担当者から手渡された候補者リストを見て、「一人も使えそうもない」と即座に言った。MBAを持つ成績優秀者ばかりだったが、フラートンの眼鏡にかなう者はいなかった。

(1) フラートンの妻ハリエットは目の覚めるような美人で、ジョン・F・ケネディがスタンフォードで学んでいた頃、付き合いがあった。ケネディの母親ローズは二人の仲を心配して、ハリエットの品定めに来る。しかし、彼女はカトリックではなかったし、ローズは意地悪だったから、話が噛み合うわけはない。結局、二人は別れることになった。それでもハリエットは、ケネディをパサデナの駅に見送った時の写真を額に入れて飾っていた。フラートン家を訪れた客には、それが誰の写真であるかすぐにわかった。

(2) フラートンが入社した時、社員数はわずか三二名。投資委員会のメンバーは、ジョナサン・ラブラス、コールマン・モートン、ハーディ・ホール、チャック・シンプの四人だった。

「ほかの会社ではどうか知らんがね。連中は言われたことはきちんとやるだろう。でも、それだけじゃ駄目だ。将来優秀なファンドマネジャーになるには、想像力逞しく、自分の考えをしっかり持った人間でないと。誰か心当たりはないかい？」

就職担当者はしばらく考えて、「一人いる。話してみたらどうか。クラスのトップだ。ただ、彼はまだ進路を決めていないようだ。図書館にいると思う」。そこでフラートンは、ウエスト・ポイント出身のボブ・イーグルストンに出会う。三〇分話すうちに二人は、時期は違うが同じ砲兵師団に所属していたことがわかり親近感を持つ。ところが突然、フラートンは話を打ち切ろうと言い出してイーグルストンを驚かせた。「一時間も話せば、付き合えるかどうかはわかる。君とは気が合わなくもない。もし同じように感じるなら、どうだ、ニューヨークに来て、我々の専門家に会ってくれないか」。イーグルストンはすぐに同意した。別れ際にフラートンは、キャピタルが運用業務との相性を見るために開発した心理テストを手渡した。

翌日、イーグルストンはニューヨークで、ハーディ・ホールをはじめとする何人かのスタッフと面接した。フラートンは前日渡した心理テストにさっと目を通した。「私が不安になるのは」という設問に、イーグルストンはなんと「飛行機から飛び降りる時だ」と答えていたのだ。

「君は飛行機から飛び降りたことがあるのか?」

「イエス」

「何回?」

「一四回」

イーグルストンはアナリストとして採用され、一九六四年には調査部長に昇進した。[3]

もう一人が、第2章でも少し紹介したハワード・ショーだ。ショーにとってファンドマネジャーは、心底やりたい仕事だった。「キャピタルはニューヨークでなく、ロスで運用していると言われた。自分は海軍出身で命令には忠実だったので、直ちにロスに引っ越した。一九六二年のことです」。非凡な想像力でたちまち頭角を現し、一九六〇〜七〇年代を通じ、キャピタルを代表するファンドマネジャーとなった。

商品の品揃えにも大きな役割を果たした。成長と配当のバランスをとる中間的タイプであったICAファンドに対して、一九六七年には純粋の成長株ファンドである、キャピタル四番目のアムキャップ（AMCAP）ファンドを立ち上げた。当時はジェリー・ツ

(3) 一九六九年、イーグルストンはキャピタル・グループの社長に任命される。それ以後二三年にわたって、この持株会社の社長および会長を務めた。

ァイのマンハッタンファンド、ハワード・スタインのドレイファス・ファンドなど、成長株志向のいわゆるゴーゴーファンド全盛の時代であった。しかし、キャピタルの成長株ファンドは出遅れがたたって、当初まったく伸びなかった。

成長株ファンドに対する方針が社内でなかなか決まらなかったことも響いた。販売子会社も売り出しにそれほど熱心ではなかった。AMCAPのマネジャーであったショーは、時機を失したと判断して、株式組み入れについても慎重に構えていた。しかし取締役会からの要請もあり、最後はフル・インベストメントに踏み切った。結果的には一九六〇年代半ばの大相場に乗り損ない、その後数年は鳴かず飛ばずだった。しかし、一九七三〜七四年の弱気相場が一段落すると、運用成績は徐々に好転し始め、AMCAPの受託資産も大幅に増えてきた。この成功で幹部としてのショーの立場は格段に強化されることになった。

運用面におけるファンドマネジャーの独立性は十分に尊重されていた。しかしその一方でジョン・ラブラスは、徹底した議論を通じた協力の必要性も強調した。ショーの場合、マネジャーとしてはほとんどの時間を運用に割くべきだと信じ、ほかの話にはあまり立ち入ろうとしなかった。運用に関する幅広い裁量はショーにとっても好ましいものであったが、組織運営に当たってはチームプレーが欠かせない。そしてその協力の仕方について、徐々にジョン・ラプラスの意向が強く反映されるようになっていった。ショーの能力は高く評価されていたものの、職場の同僚としては難点があった。結構摩擦が生じたのだ。仕事上での議論の対立が、そのうち個人的な反目となり、やがては政治的な争いにまで発展した。彼は巨額の受託資産を運用し、代表的なファンドマネジャーとしての実績も積み、自社株の保有シェアも高かった。それだけに運用面でも経営面でもリーダーとしての自負を持っていた。特に重要な戦略的意思決定の場では、自分の意見が尊重されてしかるべきだと考えていたのだ。

ビル・ニュートンも一筋縄ではいかなかった。もともとはカナダの出身だったが、南カリフォルニア大学を卒業した後、金融・保険のコングロマリットのトランスアメリカで短期間勤めた。その後、一九五一年に米陸軍に入隊し沖縄に駐留した。退屈しのぎに軍の図書館で片っ端から本を読むうちに、ビーゼンバーガーの投資レポートに出合った。面白くもおかしくもない、かなり部厚いものだったが夢中になって読んだ。何しろニュートンの最大の関心は投資にあった。その中でビーゼンバーガーは、IDSという大型投信のファンドマネジャーが年三〇万ドルを稼ぐ、と書いていた。トランスアメリカの子会社、オクシデンタル・ライフの投資部門の誰よりもはるかに高い数字だ。ニュートンは除隊後、オクシデンタルに戻り、リサーチアナリストを志望した。同じ頃、彼のもとには他の運用会社三社からの誘いもあった。

ニュートンを面接したオクシデンタルの投資部門の責任者は、彼のために新しいポストを用意するほど気に入った。ニュートンが担当するのは、社名の頭文字がNからZまでの企業とアメリカ政府証券であった。ニュートンはAからMまでは他の二人のアナリストが受け持った。新しいボスは良き助言者だった。ブローカー・アナリストとの電話のやりとりを脇で聞いていて、すぐに改善すべき点を指摘してくれる。それに応えてニュートンも熱心に学び、めきめき力をつけていった。二人の間は申し分なかった。このまま一生トランスアメリカで運用の仕事をしていたいと、ニュートンは思ったほどだ。しかし、一九五八年にかかってきた一本の電話が、その後の人生を変えることになる。

「ジョン・ラブラスと会う気はないか？　ロスでも指折りの若手ファンドマネジャーなんだ」と、友人の株式ブローカーが勧めてくれた。すぐラブラスからも電話があった。「あなたはここで最高のアナリストの一人だとうかがっている。ぜひ一度お目にかかりたい。ランチでもどうでしょう」。昼食をともにして二人は意気投合した。しばらくして、ディーン・ウィッター証券のビル・ハートから、隔週木曜日に開かれる昼食会のメンバーに招かれた。ボブ・カービィとジョン・ラブラスもそのメンバーだった。

ラブラスはニュートンにキャピタル入りを勧めた。だがニュートンは断った。トランスアメリカでは多くのことを学んでおり、ボスにも恩義を感じていた。そのうえ、受託資産何十億ドルものトランスアメリカに比べて、当時のキャピタルは三億ドルにも届かなかった。ラブラスからは毎月のように電話があり、「何か質問はないか?」という対話が一年ほど続いた。とうとうある日、決定的な電話があった。「これまで話し合ってきたポストを早急に埋めなければならなくなった。何とか来てもらえないだろうか? もう時間がないんだ」。結局、一九五九年にニュートンはキャピタル入りを決めた。キャッシュ運用を担当するかたわら、ジョナサン・ラブラスのアシスタントを務めた。

こうして数名の中核メンバーが加わり、組織の体制整備が進むとともに、キャピタルの受託資産も拡大していった。「一九六六年の初めに資産が初めて一〇億ドルを超えた時は、社員四〇人で祝杯をあげたよ。(4) その後、株価下落で一〇億ドルを割ったんだが、チャック・シンプはその時も、我々の運用哲学を確認するために、(基本的に受託資産額は

(4) 一九六〇年はキャピタルが一〇〇万ドルの利益をあげた最初の年である。

二の次なのだから）前回同様のパーティを開くべきだと半分真顔で言ってたものだ」とモートンは当時を振り返った。

社内の誰もがコールマン・モートンをジョナサン・ラプラスの後継者と考えていた。息子のジョンを後継者と考える者は少なく、本人もその器とは思っていなかった。ジョナサンはモートンの手腕を高く評価していたし、モートンの父親がキャピタルの早くからの顧客である恩義もあった。何よりもジョナサンは人事における公正さを心がけ、身内優先と受け取られるのを極端に嫌った。

ジョンによれば、「みんなコールマンが次期社長と見ていた。ところが、あるビジネス雑誌に載った記事で歯車が狂ってしまった」。コールマン・モートンとジム・フラートンの写真入りで、キャピタルは〝時代遅れの経営者〟から次世代リーダーに移れば飛躍する、というようなことが書かれていた。チャック・シンプやハーディ・ホール、ジョナサン・ラプラスといった多くの幹部がそれを見て、気分を悪くしたのも無理はなかった。

さらに追い打ちをかけたのが、一九五〇年代後半に起こった二つの事件だ。一つは、ジョナサンの右腕としてのチャック・シンプが、公然とモートンの後継に異を唱え始めたことだ。そしてもう一つ、当のモートンが、ロスの田舎の小さな投資会社の将来性に懸念を持ち、キャピタル売却の構想を打ち出したのである。これでモートンはジョナサンの信頼を失うことになった。そして期せずして、ファンドマネジャーの間からジョナサンの後継にジョンを押す声が上がってきたのだ。

ジョン自身は社長の仕事にあまり興味がなく、それに適しているとも考えていなかった。ところが皮肉なことに、予期せぬ大病に三度も襲われ、そのことが流れを変えるきっかけになった。

一九六一年二月、自宅にいたジョンの腹部に激痛が走った。病院では憩室炎と診断されたが、ひどい高熱が続いた。六週間も自宅療養して様子を見たが、開腹してみるしかないということになり、そこでようやく虫垂炎であることがわかった。虫垂が背中のほうに回っていて見つからなかったのだ。その後一カ月で回復したが、あわや死ぬところだった。二度目はそれが原因の腫瘍、そして三度目は急性肺炎に見舞われた。当時、父親のジョナサンは六〇代半ばで、まだ引退する歳ではなかったものの、モートンからの働きかけはあった。こういう中で、ＩＣＡファンドの取締役たちから後継社長を強く勧められたのだ。この時ジョンは、「自分の人生はもう、おまけのようなものだから、引き受けよう」と心に決めた。こうしてジョンは、将来の社長含みで副社長に指名された。

一方、モートンに対しても驚くべきことに格別の敬意が払われ、以後ずっと同社にとどまることになる。

同じ頃、社長の後継問題と並んで、もう一つ社内を二分する議論があった。キャピタルの事業目的をめぐって、投資家を優先するのか、オーナーへの貢献をとるのかで揺れていたのだ。この基本戦略は将来のキャピタル・グループの発展を方向づけるものだった。最終方針を固めたジョン・ラブラスは社長就任前の一九六三年、モートン、ホール、シンプ、ジョナサンらの幹部と協議を重ねて合意を取りつけた。そして発表されたのが、「顧客」「従業員」「オーナー」の三つのグループへのバランスのとれた貢献こそが同社の基本理念である、というものだった。

最大株主であるジョン[5]のこのような明確な意思表示は、従業員の間で当時も今も、極めて異例なものとして高く評価されている。[6] 以後数十年にわたって、ジョンは、この三つのステークホルダーに公平に貢献していくという約束をさまざまな場面で実践していくことになる。そしてこの基本理念は、一方で個人の責任を明確にしつつ、情報やアイデアの共有、複数マネジャー・システムといったユニークな仕組みを支えていく土台となった。

(5) 一九六七年当時、ジョナサン・ラブラスは依然として大株主であり、一方ジョン・ラブラスはB株全体の三七%を保有していた。その頃はB株だけに議決権が付与されていた(現在はA、B双方に議決権がある)。ジョンはA、B株を合わせて実質的に全体の二五%を保有していた。

(6) キャピタル・グループの多くの株は社員によって保有され、同時に彼らは年金プランを通じてキャピタルのファンドに多額の投資をしている。社員は投資家兼オーナーである。

第5章　投信を誰に、どう売るのか？

一般に投信会社の組織を見ると、ほとんどが販売主体に作られている。年金などの機関投資家向け運用機関も同様である。いかに商品を売り捌くかが最大のポイントなのだ。投資家の平均的な株式保有期間もせいぜい一、二年。彼らは短期の成績に一喜一憂し、値下がりすればすぐ売り逃げようとする。投信会社間の競争は激しく、利益は新規投信の売上にかかってくる。「今やらなくてどうする」「稼げる時に稼ぎまくれ」「他社に出し抜かれるな」と、商品開発競争にしのぎを削ることになる。

キャピタルは違う、まったく違う。販売主導でも運用主導でもない。明らかに運用を優先してはいるが、ファンドの販売会社（ＡＦＤ）も強力である。しかし、投信を売るのは歩合で動く証券会社のセールスマンだ。したがって問題は、投資家を満足させられる優秀なセールスマンをいかに確保するかにある。そのためには、彼らの手数料収入を長期的に増やしていく必要がある。魅力ある商品ラインアップと証券会社に対する優れたサービスを絶えず提供していかなければならない。投資家や証券会社に認められるには長い時間がかかる。しかし、キャピタルは設立以来、それだけの時間をかけて、資産運用のフランチャイズの中核とも言うべき「信頼」の形成に取り組んできたのだ。

ほとんどの投信会社が積極的に広告・宣伝を打ち、ブランド・イメージの確立に躍起となるのに対し、キャピタルの行き方は正反対である。宣伝・広告をまったく行わなかった。現在二〇〇〇万人以上の個人投資家を抱えているにもかかわらず、決してブランドとか伝統的な意味でのフランチャイズを築いてはいない。販売している投信商品自体、アメリカン・ファンドという別の呼称を使っているくらいだ。

それにキャピタルの投資姿勢は慎重だ。上げ相場では浮かれることなくマーケットシェアを下げ、逆に下げ相場では新規ファンドを伸ばすなどして、シェアを増やす方針をとっている。[1] こうしたキャピタルの投資家サービスや販売手法は、証券会社からも非常に高い評価を受けている。時間をかけて販売チャネルを育て上げてきたアメリカン・ファンドのシェアは継続的に上昇している。

アメリカン・ファンド販売会社（AFD）を作り上げたのはウォード・ビショップだ。彼はイリノイ大学の歴史上、最年少でPhDを取得したことでも有名であった。アナリストとしてキャピタルに入社したが、むしろセールスに強い関心があった。あけすけな男で、ジョナサン・ラブラスに対しても、「マネーが集まらなきゃ、マネーマネジャーだってお手上げさ」と言ってのけるほどだった。

もともとラブラスがデトロイトでE・E・マクローン社にいた一九二〇年代に、ともにアナリストとして働いたことがあり、そこで投資信託に手を染めた。その後一九三〇年代にはリーハイ大学で教鞭をとっていたが、投信への関心は深まるばかりで、投信をテーマにした講演や論文の執筆に精を出していた。第二次大戦が勃発すると、二人の教え子からスクリュー製造会社の買収事業に誘われる。戦時特需を期待したものだったが、ビショップにはこの仕事が馴染めなかった。そんな折、たまたま大学関係者の一人にラブラスを紹介されたのだ。かつての優秀な同僚のことを覚えていたラブラスは、即座に

（1）二〇〇二年と二〇〇三年の投信市場は惨憺たるものであった。しかし、アメリカン・ファンドとバンガードの二社だけは、一〇〇％以上という例外的な伸びを示した。その他の会社の資産は全体として純減だった。

ビショップを採用した。こうして彼は東部のロングアイランドから、はるか西部のロサンゼルスに向かうことになる。一緒に仕事をするラブラスの会社の内情は知らなかったし、自分の給料のことさえ聞いてなかったが、いつもの口癖で「そんなこと構わないさ」と平然と言ってのけた。

ビショップは当初会計部門で働いていた。主力商品のインベストメント・カンパニー・オブ・アメリカ（ＩＣＡ）・ファンドは、一九四七年にはすでにオープンエンド型(2)に転換して一〇年近くもたっていたが、冴えなかった。見かねたビショップは、「このままではＩＣＡはどうにもならない、私が何とかしよう」と訴えた。ジョナサンはビショップの販売強化策を聞いたあと、そのための販売会社の設立を引き受けてくれないかと打診した。ビショップは二つ返事で乗った。「経費は自前で、経理は娘にやらせよう」。当時の投信販売会社の多くは、二五～七五人程度の営業部隊を使って、証券会社に投信を持ち込み、売ってもらうのが仕事だった。

ジョナサン・ラブラスとビショップの性格はまさに好対照だった。物静かで穏やかなラブラスに対して、ビショップはグレアム・ハロウェイによれば、「機関銃のようにまくしたてて相手を黙らせた後で、素晴らしい笑顔と心のこもった思いやりで相手の心をつかんでしまう」タイプだった。

キャピタルの長期的発展にとって、ビショップの果たした大事な貢献がもう一つある。「我々が売り込まなければならないのはラブラスの名前だ。だから、ぜひ息子のジョンを私のところに寄越してほしい」と要請したことだ。大学卒業後、初めて就いたパシフィック・ファイナンスの仕事にジョンは満足していなかった。気分を変えるには渡りに船であった。

一七〇センチと小柄で、ずんぐりしたビショップは、労を惜しまぬ熱烈なセールスマンだった。しかし当時はいわば徒手空拳、そして売り込む商品もICAファンドただ一つであった。

ビショップには頭痛の種がもう一つあった。かつてICAファンドを設定する時、ジョナサンの反対を押し切ってエディ・マクローンが導入したワラント（会社型投信の株を購入する権利）である。ワラントを保有する投資家がこの権利を行使すれば、その分、投信の投資価値が薄まることになってしまう。「そんな欠陥商品を売るつもりか」と、競

（2）クローズドエンド投信はその名の通り、発行株式数は当初から固定されており、ニューヨーク取引所に上場されている。通常、一株当たり純資産額の一〇～一五％ディスカウントで売買されている。一方、オープンエンド投信は新規購入や解約によって増減する。

争相手はセールスマンに妨害を繰り返していたのだ。そのためジョナサン・ラブラスは、このワラントが市場に売りに出されるたびに、私財をもって買い取っていた。ただ、この問題もICAファンドの資産が巨大化するにつれて徐々に薄れていった。

ビショップはこの小さな販売会社に、大風呂敷を広げて、なんとアメリカン・ファンド販売会社（AFD）と名づけた。半ば愛国心から、半ば背伸びをしたい気分だったのだろう。そして、「キャピタルが私に十分な報酬を払えるくらいの投信を売ってみせる」と豪語した。当時のICAファンドの販売目標は五〇〇〇万ドルだったが、今日ではその一〇〇〇倍の五〇〇億ドルに達している。

ビショップは一度出張に出ると、三～四週間は帰らなかった。そこで次々と有能な営業マンを採用していった（今やその数は八〇人を超える。月曜の朝から金曜の夜まで毎週のように出張して、精力的に全米各地の証券会社へファンドを売り込んでいる。彼らは最強の販売軍団として、キャピタルの成長を支えている）。

グレアム・ハロウェイもスカウトされた一人だ。業界ですでにその名を知られていたハロウェイは、その後長らくアメリカン・ファンドのトップセールスマンとして活躍するが、自分のキャリアがどのようにして始まったのかを次のように述べている。

「AFDにいた友人の一人が、AFD入りを熱心に勧めてくれた。私はアトランタで投信販売の共同事業をやっていたから、動くつもりはなかった。しかし、その友人は、『とにかく結論を出す前に、ビショップに一度会ってくれ』と懇願するんだ」

南部の貧しい出のハロウェイは、多少芝居がかった迫力のある話し方をした。父親が映画館を営んでいたことから、多くの映画を見て演技を覚えたという。ハロウェイは、顧客に投信を売り歩く証券会社のセールスマンに人気があった。営業センスの良さと、個々のセールスマンに対する誠意ある取り組みが、高い実績となって現れていた。

ビショップは仕事で何度も訪れていたワシントンにハロウェイを招き、昼食を取りながら話をした。まるで水のようにジンを流し込み、二本目のマティーニを注文するビショップに対し、ハロウェイは飲めるほうでなかった。「すぐアルコールが回ってきて。それでも午後いっぱい話を続けた。二人とも投資信託を、いわば愛していたからね。私は何度も、『ウォード、今の仕事には満足しているんだ。転職したくないし、出張もご免だ』と繰り返した。そしたらビショップは、『とにかく引き受けてくれ』の一点張りだ」。そしてその日の午後遅く、ハロウェイは正式に誘いを断った。

一週間後、ビショップから電話が入る。「いい加減にしてくれ。いつまで押し問答を続けさせるつもりだ。ぜひうちに来てほしい」。ハロウェイは再び断った。だがビショップはあきらめない。とにかく強硬だった。さすがのハロウェイもとうとう折れ、アメリカン・ファンドを販売するために入社することになった。担当はミシシッピ川からロッキー山脈までの広大な地域だった。

キャピタルにとっては投資家の長期的利益を高めるのが目標だったが、まずビショップは、営業戦略を証券会社との関係強化に集中した。ライバルのドレイファス社(3)は、ニューヨークの地下鉄からライオンが出てくる広告を通じて会社のイメージアップに努めていたが、ビショップは宣伝には目もくれなかった。どうすれば証券会社とそのセールスマンがアメリカン・ファンドを効率的に販売してくれるのか、繰り返し販売していけるのか、という点に心を砕いた。

とにかく個人投資家に投資信託という商品を理解してもらい、そのメリットを売り込むことが先決だった。ビショップは証券会社のセールスマンを少人数のグループに分けた勉強会を、何百回となく開いた。彼らに見込み客に電話をかけさせ、目の前でアメリカン・ファンドの売り込みまでやって見せた。大勢の職員向け講習会や、当時業界で一般的だったマンツーマンの指導はとらなかった。セールスマンも営業店長も忙しい身だから、よほど売れる見込みがあり、実地に役に立つ勉強会でなければ、参加する気にならないだろうと考えたのだ。

事業欲旺盛なビショップは、営業マンにも創意工夫を期待した。「とにかく売れれば売れるほどいい！」。そして一方では、大恐慌時代に身につけた経費節約の精神も忘れなかった。初期の頃、シカゴのノース・ショア鉄道の社外取締役に就任していた時には、交通費を鉄道会社が払ってくれたのを利用して、シカゴ地域の営業も兼ねていたほどだ。だから証券会社のセールスマンの接待を含めて、必要経費はすべて同社の営業マン持ちだった。「経費はゼロ、販売に集中」がモットーであった。(4)

営業マン同士が親しくなって情報交換をしたり、助け合ったりすることの大切さもよく心得ていた。ハロウェイは言う。「キャピタルは仲間の家族をとても大事にしていた。家族ぐるみで付き合う機会をたくさん作り、みんな親しくなった。当初のメンバーとは、

(3) ドレイファス・ファンドの創業者ジャック・ドレイファスは、ビショップがリーハイ大学で教えていた頃の学生だった。

(4) ビショップはアメリカン・ファンドを売るセールスマンに最大限の手数料を支払うことにしていた。事実、八・七五％の販売手数料のうち、ＡＦＤの取り分は〇・七五％とし、八％はセールスマンに渡していた。残りの〇・七五％のほとんどは、経費を自己負担する自社の営業マンに払っていた。

今でも付き合いが続いている」

ビショップは、セールスマンたちがアメリカン・ファンドの中身を十分理解し積極的に販売できるよう、あらゆる手を尽くした。彼らとの関係を大事にし、彼らの趣味や嗜好まで調べる念の入れようだった。酒好きのビショップは、セールスマンを少人数のグループごとに飲みに連れ出し、夕食後もまたホテルに帰ってもう一杯傾けたりした。こうしてセールスマン一人ひとりと親密になり、アメリカン・ファンドを浸透させていったのである。

自社の営業マンと証券会社のセールスマンとの人間関係も重視した。どうすればセールスマンの心をつかめるか、そのための創意工夫を奨励した。たとえば、ワシントン在住の営業マン、バーニー・ニーズは無類の釣り好きで知られていた。ビショップなら、彼を使ってこう宣伝しただろう。「釣りが趣味のセールスマンで、ワシントンに行くことがあれば、ぜひバーニーに一報されたし。大西洋岸で最高の釣り場を教えてくれる」「家族でワシントンに行く時は、バーニーがとっておきの名所を教えてくれる。必ず連絡してほしい」

グレアム・ハロウェイはよくセールスマン向けの二日間の研修セミナーを設営した。彼らを招待し、投資信託の利点や売り込み方、なぜキャピタルが運用するアメリカン・

ファンドが優れているのかについて、とことん説明した。ここでキャピタルの投資のプロたちと二日間を過ごし、さらにAFDの営業スタッフとミーティングを持てば、誰でもキャピタルのファンドを売りたくなる、とハロウェイは信じていた。このセミナーには、まだ取引実績のないセールスマンも自由に参加でき、キャピタルの高い運用能力や証券会社へのサービス内容を知ることができた。

一九四〇年代のキャピタルはまだ中小投信会社であり、当然のことながら大手証券からはあまり相手にされていなかった。したがってビショップは、中小証券との取引開拓に重点を置いていた。相手の証券会社にとっても個々のセールスマンにとっても、アメリカン・ファンドが最も重要な商品として扱われるような関係を作ろうと努力した。そこで狙いを定めたのがエドワード・ジョンズ社だった。同社との取引はどの投信会社からも難しいと見られていた。同社はセールスマン一人の小型オフィスを全国に展開し、投信を売る場合は全店で実施すると決めていた。この条件にどの投信会社も二の足を踏んでいたからだ。しかし、それだけにビショップの目には魅力ある取引先と映った。そしてエドワード・ジョンズ社との関係確立のため、同社の全店での販売支援を断固やると決めたのである。その約束は長年にわたって誠実に実行され、両社の関係は年々強化されていった。こうして、エドワード・ジョンズ社が最も多く販売しているのがキャピタルのアメリカン・ファンドとなり、同時にキャピタルにとっても、エドワード・ジョンズ社は自社投信販売額でトップの証券会社となっていく(5)。

オーナーのエドワード・ジョンズはもともと株式売買にしか興味を持たなかったが、息子のテディはむしろ投信に注目していて、それを核にしたビジネス展開を考えていた。ハロウェイは言う。「一九六〇年代の終わり頃、テディにアメリカン・ファンドを持ちかけてみた。ところが、自分の客は小さい町の農民が中心だから、都会の商品を持ってきても意味がないと言うんだ。そこで、それではお宅のセールスに、小さい町に合った商品を紹介しようということになった」

ハロウェイはテディ・ジョンズからランチに誘われた。そこで町一番のレストランに案内するつもりで、テディのオフィスを訪ねてみると、「もう買ってあるんだ」とテディが紙袋を指差す。二人はミシシッピ川を見下ろすベンチに並んで、ホット・ドッグとコークを味わった。「そしてテディが、『キャピタルの話を聞かせてくれ』と切り出した。私の説明が終わると、『セールスマンをあまりあおらないで話をしてくれるかい?』ということになった」。ハロウェイにとってはお安い御用だった。「私がセールスマンに話すのは、投信をどうやってうまく売るかということだけだ」

「それじゃ、カンザスから始めてみよう」とテディ。

両社の関係はこうして始まった。「テディとはホット・ドッグを一〇〇個は食べたよ」ハロウェイはカンザスを妻や友人たちと一緒にドライブしたことがある。大平原のど真ん中で、どっちを向いても何一つ見えず、真っ平らな草原が果てしなく続いていた。ハロウェイは大きく手を振って、「ストップ、聞いてくれ。これが全部、私の担当地域なんだ」。みんな大笑いだった。あまりに不毛に見えるため、誰も手を出さなかったところだ。だからこそハロウェイにとっては、その後、素晴らしい肥沃の土地に展開していったのである。

エドワード・ジョンズ社との取引の大きな利点は、その解約率の低さだった。業界平均の二〇%に対し同社の場合、常に六%以下だったからだ。投信の顧客の多くは五〇代後半から六〇代である。当時の死亡率が四%であったことを考えあわせると、同社の六

(5) アメリカン・ファンドの販売実績では、メリルリンチがナンバーワンの時もあった。

%という解約率がいかに低いかがわかるだろう。しかも、子供に相続して解約しない投資家も多かった。だから、エドワード・ジョンズ社との関係構築は、アメリカン・ファンドにとって大ヒットだったわけだ。

メリルリンチも、エドワード・ジョンズと並ぶもう一本の柱であった。(6) 一九六六年、メリルは株式に加え、投信販売を積極化する戦略を打ち出した。メリルの投信販売の責任者は、毎月のように電話をかけてくるようになった。「アメリカン・ファンドの販売ランキングでメリルはトップか?」。当初数カ月、答えは「ノー」であった。それはやがて「今月はメリルがナンバーワンだ」となっていった。以後、メリルもアメリカン・ファンドの販売面で一貫して重要な位置を占めていく。

ビショップがその後継者となるビル・バグナードに出会ったのは、バグナードがまだ南カリフォルニア大学の学生の頃だった。娘が彼のガールフレンドだった。たまたまバグナードは、学生会館の建設資金を集めるために卒業生に債券を売るプロジェクトの会長をしていた。「ある晩、彼女を訪ねると、珍しく父親のウォード・ビショップ氏がいたんだ。絶好のチャンスとばかり、彼に債券を売り込もうとした」。ところが反対に、投信を売るビジネスがいかに素晴らしいかをとうとうとまくしたてられてしまった。

もっともバグナードは、この道にすぐ入ったわけではない。陸軍に入隊し、ノルマンディー作戦ではオマハビーチに上陸したメンバーの一人だった。戦後、リパブリック・サプライ社で石油掘削機器の販売をしながら、夜だけパートタイムで投信を販売していたのだが、そっちのほうがはるかに実入りがいいのに気づき、後にスミス・バーニーと合併するハリス・アップハム証券に転職した。

ビショップがバグナードをAFDに引き抜いたのは、ハリス・アップハム社のロス支店長をしている時だった。採用に当たっては、ジョナサン・ラブラスの力も借りた。ラブラスはバグナードを昼食に誘い、いくつか鋭い質問を浴びせているうちに、プレッシャーの強い証券業からより落ち着いたキャピタルの世界に移りたい、とバグナードのほうから言い出すようになった。「そうしたら、少しは長生きできるだろうし。ビショップはセールスマンとしては一流だが、実務家向きじゃない。そこに力を貸したい」。バグナードは同社の本部機構の整備や、取引先の証券会社の幹部との友好関係を発展させ

(6) 投信販売も歴史とともに大きな変化を遂げてきた。初期の中心プレーヤーだったワイヤー・ハウスと呼ばれる個人向け大手証券は今やない。一九六〇年代の投信販売を担った名門証券、ベーチェ、ハリス・アップハム、W・E・ハットン、ブライスなども姿を消した。彼らは市場の機関投資家化の動きについていけなかったのだ。

るために働いた。

自己流のスタイルで仕事を進めるのも、ビショップのやり方だった。スタッフの一人ひとりにもそう期待していた。ハロウェイは当時を思い起こして、「私が白いキャデラックを乗り回しているのは、証券会社のセールス仲間でも話題になった。週末に飛行機でダラスに戻るほかは、広大な担当地域を町から町へと車で回り続けるのが一番効率的だった。時間を有効に使うには、一度立てた出張スケジュールをきちんとこなしていくことが必要だ」。ところが、もっとハロウェイを引き留めようとするセールスマンも多かった。しかし常に日程上無理であることを丁重に説明し、計画を動かすことはなかった。こうしたハロウェイの首尾一貫した行動は、時とともにその信頼を高めることになった。

ハロウェイの説明会はセールスマンの間で人気が高かった。まず冒頭にジョークでその場の雰囲気を和ませ、話を聞いてみようかという気にさせてから本題に入った。一九七〇年代初めに、投信販売が低調でセールスマンがそっぽを向いていた時、ハロウェイが好んで使ったスピーチの題目は、「なぜ投信はそんなに駄目なのか?」という刺激的なものだった。もちろん中身は、投信の利点を積極的に訴えるもので、一見最悪に見える環境こそチャンスなのだと説き、セールスマンを十分その気にさせる効果があった。

「ストーリーが必要なんだ。セールスマンが納得できて、記憶に残り、お客に説明できるようなストーリーが」。ハロウェイは言う。「ストーリーがあれば忘れない。皆ジョークが好きだし、楽しく聞いた話は覚えている。セールスマンも、販売を伸ばすコツについては熱心に聴く。そういうストーリーを一生懸命考えた(7)」。午後六時から七時半までの説明会には多くのセールスマンが時間を都合して集まってきた。そこで話をし、ウイスキーを飲みながら歓談する。その後ハロウェイは次の町へ行く、という生活だった。

もちろん、投信よりも株式売買を好むセールスマンも少なくなかった。しかし、ハロウェイはそういうタイプは深追いせず、ひたすら投信を、そしてアメリカン・ファンドを優先するセールスマンを探し求め、彼らと長くにわたって信頼関係を築いていった。

キャピタルがアメリカン・ファンドの顧客として求めたのは長期投資家である。そして相場に下落が避けられない以上、暴落期の解約を極力抑制できる証券会社が必要だった。ということは、長期的保守的な客層を抱える証券会社を求めたわけである。アメリ

(7) いつもハロウェイは、面白そうな話題や役に立つ説明の仕方をAFDの同僚にも聞かせていた。だから営業の責任者に昇格したのも自然な成り行きであった。

カン・ファンドの解約率が業界平均の半分以下、という理由はそこにある。

ただ、この低い解約率でも、現在のキャピタルは毎年の償還に対応するだけでも四〇億ドルもの資金を必要とする。このうち三分の一弱は既存ファンドの配当資金で賄えるものの、それでも年二五〇億ドルの新規資金を集めなければならない。

振り返ってみれば、キャピタルと忍耐強いセールスマンたちが、いかに暴落期に投資家の説得に努め、どれだけ長期投資を継続してきたかという素晴らしい歴史を目にすることができる。たとえば一九六八年から七四年にかけての下げ相場で、ニューヨーク・ダウは七八％も下落した。多くの投資家は市場平均以上の損失を被った。そのうえ深刻なインフレである。七〇年代前半に傷ついて株式・投信市場から去った投資家の多くは二度と戻らなかった。つまり彼らは、その後二五年間の上昇相場の恩恵を受けることもなかったということだ。

安定した顧客を確保する秘訣は何か？　それは上げ相場でも下げ相場でも、持ち続けてもらえるようなファンドを長期にわたって供給することだ。それをキャピタルは正確に理解している。商品開発にしても販売チャネルの展開にしても、その最大の目的は投資家が運用成果に満足して、長期間買い増してくれることにある。言い換えれば、キャピタルは、一度買われた投信が永久に保有され、さらに配当と追加資金により買い増しを続けてもらうことを戦略目標としてきたのである。

ビショップのAFDが販売チャネルとして求めてきたのは、投資家の欲しがるものでなく、投資家にとって本当に必要なものを売ろうとする証券会社であった。上げ相場でも下げ相場でも適切な投信とは、多くの人の目には魅力的に映らないかもしれない。しかし、一見最悪に見える時こそが、長期的には最高の結果をもたらすことが多いのだ。だから、顧客には流行を追わないようにして、下がったから「さあ買いましょう」、上がった時には「気をつけよう」と説得してきた。だが、これは言うほど容易なことではない。

株式相場が異常なブームに沸いたり落ち込んだりすると、どうしても個人投資家はそのムードに左右されやすくなる。このような状況で、セールスマンが群集心理と反対の、まともなアドバイスをして受け入れられるものだろうか？　そのためには、日頃から顧客の信頼を得るのが何よりも大切だ。最も頼りになるセールスマンは長期的な視野を持つ者である。だからこそ、必要な時に普通の人と違った意見を述べる勇気が必要とされるのだ。

こうして、投資家も販売証券会社も、一見最悪のようだが長期的には最高のタイミングで、新しいファンドに投資することを通じて、キャピタルが信頼できる運用会社であることを少しずつ学んでいった。強気相場で他社がどんどん新商品を出す場合は慎重にし、下げ相場で他社が静かにしている時にむしろ積極的に新商品を発売していった(8)。

たとえば一九九四年、高利回り地方債ファンドは相場の大底で発売された。債券市場の回復の波に乗り、このファンドは部門トップスリーにランクされた。また、一九九九年のニューワールド・ファンドは、エマージング市場の不振が五年間も続くなかで、アジア通貨危機の直撃を受けてエマージング投信が軒並み沈んだ時に売り出された。

「このファンドに今投資することが、必ず投資家の長期的な利益になる」とファンドマネジャーが明確な判断を下さない限り、キャピタルでは新ファンドは実現しないのだ。

初期の頃から長期投資のマーケティングに功績のあったジム・フラートンは、「私は数字をいじくるのが好きで、ICAファンドの成績が、直近一〇年間のダウ平均も、S&P指数をも上回っているのを見るのが楽しみだった。どの一〇年をとっても、このファンドが二つの指数を上回っているのを発見するのに、たいして時間はかからなかった」。実はフラートンは、一〇年平均を一年ずつずらしながら運用成績を測るという評価手法を、この世界に初めてもたらしたのだ。

「評価期間が一年では短すぎる。一〇年でも十分ではないが、一応役に立つ。我々の計算ではどの一〇年の評価期間をとっても、すべてのファンドが市場インデックスを上回る成果をあげている」。たしかにこの成績は、一九八〇年代末までの三三年間、およびその後二～三年の間は実現していた。ただ、一九九〇年代の活況期には、安全第一の同社の成績は市場平均には及ばなかった。しかし、二一世紀初頭の下降局面で再び市場平均を大きく上回った(9)。同社最大の二つのファンド、ICAファンドとワシントン・ファンドだけが四〇年間、すべての一〇年平均利回りをとっても、その九〇%がS&P500指数を上回る実績をあげている。そのことを同社はひそかに誇りにしている(10)。「我々の仕事は顧客の富を増やすことだ」とハロウェイ。「それも最小限のリスクで、

(8) 直近の五年間で、キャピタルの新規ファンドはわずか一本である。これに対してT・ロウ・プライスは一四本、アメリカン・センチュリーは四五本、フィデリティはなんと一三八本の新ファンドを打ち上げている。

(9) 一九五〇年代の上昇相場においても、キャピタルのファンドの運用成績は市場平均以下だ。

(10) キャピタル・ガーディアン・トラストのように、年金運用を主たる業務とする運用機関にとっては、長期にわたるトップクラスの運用成績が特に役に立った。

最も効率のいい運用をすることだ。投信の顧客の多くは五〇代以上だから、一〇年が勝負だ。三〇年は待ってくれない」

「投資するからには何か目的があるはずだ。目的以上に貯め過ぎても、あの世には持っていけない。だから、まずその目的を確認すべきだ。特に引退後の生活のイメージをはっきりさせた方がいい。そして、そのためにはいくら必要なのか?」

運用のプロとしてキャピタルは、投資家に「できないこと」「ありえないこと」を説明する義務があると考えている。最高の成績をあげるためには、ファンドマネジャーが天才的で、ミスをほとんど犯さず、しかも幸運にも恵まれなければならない。しかし、キャピタルはそんなことはできないと説明していた。

仮に、半年で一〇ドルから一五ドルまで五割値上がりする株のファンドに三〇歳の時、一万ドル投資したとする。計算上は三六歳で一〇〇万ドルに、四四歳で一〇億ドル、五六歳でニューヨーク市場の時価総額に匹敵する資産を持つことになる。実際にはそんなことはありえない。半年で五割値上がりする株もめったにない。

もちろん、幸運に恵まれた投資家が次なるチャンスを狙うのはむしろ普通だ。しかし、これはかえって危険なのだ。収益の機会を考える前に、リスクと問題点を洗い直すのがキャピタル流のやり方だ。四〇年にわたって同社の運用と経営をリードしてきたマイク・シャナハン[11]は、その点を特に強調する。シャナハンについてハロウェイは言う。
「どんな場合でも、置かれた市場環境の本質を理解し、問題があればすぐに解決策を提示してくれる。あんな人は見たことがない」

AFDが販売しているのはキャピタルが運用する投信だけだが、すべての商品を扱っているわけではない。たとえば、アメリカ最大の投信の一つであるワシントン・ファンドは、キャピタルが運用しAFDも販売しているが、もともとはワシントンDCの証券会社、ジョンストン・レモン社の子会社によって組成されたものである。

ワシントン・ファンドの話は大恐慌時代に遡る。当時の個人信託による投資の損失は甚大であったことから、再発防止のため、特にワシントンDCでは厳しい運用規制が課されることになった。ルール23によれば、個人信託資産の投資先は一流電力債や鉄道債

(11) シャナハンは、スタンフォード在学中からゴルフのスクラッチ・プレーヤー(ハンディキャップ・ゼロ)として知られていた。スタンフォードのビジネススクールを経てキャピタルに入社直後から、同僚にはCEOになるつもりだと公言していたという。若い時から頭脳明晰で、頑固なまでに強靭な意思を示していた。二時間も禁煙を我慢するくらいなら乗らない方がましだと言って、ほとんど飛行機を利用しなかった。凝り性のうえ負けず嫌いで、ゴルフクラブを投げつけるのもしばしばだった。毎日ゴルフの練習を欠かさず、六〇代になってもハンディ3でプレーしていた。

など、二〇〇ほどのS&P最高格付けの債券に限定され、株式は除外された。ジョンストン・レモン社に働き、弁護士資格を持つバーニー・ニーズは、このルール23に関心を持ち、徹底的に分析してみた。すると、投資適格の債券のうち約一〇銘柄は、なんと額面の半値程度で売買されていて、しかもきちんと利息も支払われていることがわかった。この分析こそが、のちのちアメリカ最大のワシントン・ファンドを生み出す原動力となった。

第二次大戦中、ニーズはパートタイムで投信販売をしながら、三〇〇にのぼる投信のチャートを細かく分析していた。その結果、最高の成績をあげているのはICAファンドだと知って、いつかそのファンドマネジャーに会いたいものだと思っていた。そしてその機会が一九四六年に巡ってくる。ロスを訪れたニーズはジョナサン・ラブラスとチャック・シンプに会い、しかもその日、シンプが自宅の夕食に招いてくれたのだ。この時から二人の友情とビジネスの関係が始まった。

その頃、株式の利回りが債券を上回り、株式相場が上昇を続けたことから、個人信託資産にも株式を組み入れるべきだという議論が沸き起こっていた。その結果、資産の四五%を上限に、株式ないし株式投信の組み入れが認められるようになった。ニーズはそのチャンスを見逃さなかった。この修正されたルール23に沿った形で、銀行信託部や、当時ワシントン周辺で採用されてきた（タフト・ハートレー法に基づく）年金向けに、ワシントン・ファンドを立ち上げたのだ。

ニーズは目論見書に、「いかなる環境においても、一見最悪に見える環境下でも、四〇％の株式組み入れ比率を堅持する」と明記し、国債を含む現金の保有比率を五％以下に抑え、常に配当を支払う株式に限定するという投資方針を打ち出した。

そしてニーズは、ワシントン・ファンドほどの魅力があれば、証券セールスとファンドをつなぐ販売会社はなくとも十分売れると考え、コスト削減のため、販売手数料を七・五％から五％に落とした。「手取り手数料三・五％の投信を最前線で売ってみろ」とニーズは言う。「俺たちは五年間、散々苦労したんだ」(12)

ニーズは当初、このワシントン・ファンドの運用をS＆Pに依頼しようとした。多くの株や債券を分析して格付けするS＆Pが適任だと思ったからだ。しかし、S＆Pからは運用会社ではないと断られた。そこで親会社のジョンストン・レモンのパートナー、

(12) 問題の一つは、一九五三〜五八年の六年間、ファンドにかなりの債券が組み込まれたため、S＆P500指数ほどの成績をあげられなかったことだ。

ジム・ジョンストンが運用を申し出てきた。しかし、ジョンストン・レモンにも大きな問題があった。当時、同社はワシントン地区で有数の引き受け証券会社となっており、すでに運用業と引受業務の利益相反の懸念が出始めていたのだ。

ニーズはロスに飛んだ。かねて親交のあったシンプとジョナサン・ラブラスにワシントン・ファンドの運用を打診するためだ。ラブラスは直ちに前向きの返事をくれた。その後、ニーズの上司であるジム・ジョンストンとラブラスとの正式交渉が持たれ、二人はすぐに意気投合する。何しろ南部のサウスカロライナ出身で、ノースカロライナ大学で統計学を教えていたジョンストンに対し、ラブラスも同じ南部のアラバマ出身で、数字を扱うことに特別な興味を持っていた。さらにジョンストンは第一次大戦中パイロット、ラブラスは高射砲部隊にいた。性格的にも二人とも控えめな紳士だ。両社の提携は最初の交渉ですんなり決まった。ジョンストンの会社が投信の管理・法律面を担当し、手数料は折半することになった。

一九五二年になって、コロンビア特別区の地裁がルール23の規制を撤廃したため、ワシントン・ファンドの例外的特権は消えることになった。一時はパニックに陥ったニーズも、すぐに落ち着きを取り戻し、取締役会がS&Pリストに代わる新たな投資戦略を考えることになった[13]。そして取締役の一人が提案したのは、酒・煙草を除外するファンドはどうかという意表を突くものだった。そのアイデアを持って、ニーズはロスのラブラスに会いに行った。「もちろん我々は、ファンドマネジャーの裁量を制約するつもりは毛頭ない。ただ、誠に申し訳ないが、酒・煙草からの利益が五〇％を超える企業には投資しないというルールを、例外として検討してもらえないだろうか？」

ラブラスから前向きな返事をもらってニーズは驚いた。「これは名案だ。当社の品揃えに加えても悪くない。この種の『倫理的』色彩を帯びたファンドに、興味を持つ証券セールスマンは少ないかもしれないが、しかし彼らは積極的に取り上げるに違いない」。ラブラスの予感は的中した。保守的で敬虔なクリスチャンの証券セールスマンの間で、このファンドはお勧めナンバーワンの投信となった。目先の運用成績といった短期的理由からではなく、投資政策上の明確なビジョンを持つことで、ワシントン・ファンドは新しい強みを持つようになった。

（13）ニーズは、ここで選ばれた五〇銘柄の企業の歴史を示す資料を作成して顧客に配布した。これらの企業群は投資対象として十分なもので、その後四〇年間も保有され続けた。

数年後、ワシントン・ファンドは連邦準備制度従業員年金の運用対象に採用された。投信としては三社のうちの一つであった。この決定は新規の販売活動上、大きなプラスとなった。ワシントン・ファンドとしては現在、成長・配当型ファンドとしては一五〇万人の顧客を抱え、運用資産額では世界第二位。設立以来の運用成績は成長・配当型の五四ファンド中の四位と、上位一〇％以内の好成績である。[14]

よく知られているように、今日、投信業界最大の変化は確定拠出型年金（いわゆる401（k））の拡大によるものである。当初、投信業務を「資産吸収・管理」業務と位置づけていた大手投信会社は、年金管理業務を受託すれば、その運用先の投信も独占できると考え、積極的に巨額のシステム投資を進めた。運用業務を獲得するためのコストと見なしていたのである。しかし現実には、年金管理業務を受託しても、運用先の投信を独占するどころか、年金加入者の意向で多数の投信を自由に選ぶ方式が一般化していった。大手投信の当初の思惑は大きく外れることになった。

しかし、自らを資産吸収・管理会社ではなく、資産運用会社と位置づけているキャピタルは、この401（k）業務には慎重な態度で臨んでいる。[15]というのも、年間二〇％程度、解約・償還されているアメリカの投信の中にあっても、401（k）で運用される投信の解約率はもっと高いからだ。アメリカでは毎年、労働者のおよそ一〇％が職を変える。そうすると、401（k）の年金資産も新しい会社へ移され、元の会社の年金プランで運用されていた投信は解約される。しかも、最近では次々と新商品が紹介されるため、人々は従来以上に投信を乗り換えるようになっている。

キャピタルの投信の解約率は業界平均よりはるかに低い。したがって、解約率の高い

(14) その後ワシントン・ミューチュアルは、ジョンストン・レモン社にとってなくてはならない存在となった。何しろジョンストンの他の証券業務は赤字だったので、投信部門で公表利益の一〇〇％以上を稼いでいたのだ。ジョンストンは、ワシントン・ミューチュアルの取締役会関係の事務や投資家向け報告書の作成など主に管理面を担当した。キャピタルが運用・販売面を受け持ったことは言うまでもない。キャピタルのジム・ダントンが二〇年にわたってジョンストンの窓口となった。

(15) キャピタル・グループは個人年金勘定（IRA）や、キーオ・プランと呼ばれる自営業者向け年金の分野では高い実績をあげている。もっともウォード・ビショップは、なかなか黒字にならないキーオ・プランには興味がなかった。個人の少額口座を管理するには膨大な事務が伴うからだ。ビショップが方針を変えるまで、キャピタル・グループ内では、ワシントン・ミューチュアルだけがキーオ・プランを扱っていた。その後、401（k）プランが広範に普及してきた時も、キャピタルが慎重な姿勢を崩さなかったのはすでに述べた通りである。初期の競争に勝ち抜くためには、膨大な赤字を伴うレコード・キーピング（年金口座の管理・報告業務）整備が必要だった。これでは資産運用業務でなく、事務管理業務だからだ。

巨大企業の401(k)プラン業務を五〜六社の投信で引き受けても大して魅力はないのだ。実際、こうした巨大企業の年金では、指定投信リストの間で活発な乗り換えが行われる傾向があり、その比率は二五%以上に達している。これに対して、中小企業の確定拠出型年金のほうが乗り換え率が低い。キャピタルはこの分野での運用を重視し、その運用資産額は全米第三位となっている。それでもローテンバーグによると、「401(k)ビジネスは興味深いが、まだ柱にはなっていない」

第２部

戦線を広げる

第6章　司令塔としての持株会社

一九六七年初めのある週末、二〇名を超えるキャピタルの幹部が、アリゾナ州のフェニックスに集まった。オフィスからあまり遠くなく、しかしまったく縁のないところ、というのがフェニックスを選んだ理由だった。会議の目的は、持株会社制に移行した場合、その後の戦略を検討することだった。キャピタル・グループにとって持株会社の設立は、まさに革命的な出来事と考えられた。

ここなら自由な発想が生まれるかもしれない。それにチャック・シンプと法律顧問のオメルバニー・マイヤース社が、本社をアリゾナのような保守的な州に置くようにも提言していた。カリフォルニアでは規制が変わりやすいうえ、何といってもバンク・オブ・アメリカのお膝元だ。いつ、同行の意向を受けた法改正が行われるかわからない。

一年ほど前から、ジョン・ラブラスとチャック・シンプはまったく別々に、ある懸念を共有するようになっていた。社内組織が硬直化してきており、このままでは将来の戦略展開の制約になるのではないか、という恐れである。二人は何とか先手を打って組織を変え、今後の戦略をより自由に展開できる方法を模索していた。

後で見るように、キャピタルは個人個人の自由な発想を生かすために、組織をたびたび変えていった。それは必ずしも効率的なものばかりとは言えなかったが、当事者にとって有効でさえあればよい。全社的な戦略立案と、日常的な業務運営の分離という持株会社の設立も、その時は外部からは何の変化も見えなかった。この重要な組織変更の効果は、その後二、三年かけて徐々に現れてくる。当時はどの運用会社にとっても、新たな戦略を打ち出すには最悪のタイミングであった。ベトナム戦争とインフレの影響で、国民はジョンソン大統領と国家への信頼をなくしていた。株式市場は暴落し、キャピタルの投信販売は壊滅状態に近かった。運用資産と手数料収入が激減するなかで、一時赤字に陥ってしまったほどだ。

当時、キャピタルの投信事業は、新たな戦略展開を必要としないほど十分な成長を遂げていた。だから、個人富裕層や年金などを対象とするビジネスに関心を持つ者もいなかった。稼ぎ頭である投信のシニアマネジャーはこう言ってはばからなかった。「なぜ業界有数の投信の仕事を投げ出してまで、先行きのわからない新規事業をやる必要があるんだ。それに、そのビジネスが成功すれば、お客の都合でオフィスや家庭から離れ、町から町へと出張しなければならなくなる。私はご免だね」

これまでのキャピタルの経営を見る限り、こうした自分のキャリアを考えた発言は現実的なもので、正しいと言えるだろう。一流と評価された投信運用の仕事こそ、彼らの目標としてきたものだ。その結果が社内での地位と名誉を高めることにもなり、給与やボーナスも最高だった。

投信の社外取締役たちからも、キャピタルが社内の資源を投信以外の業務に振り向けることを懸念する声が出始めた。なかにはリサーチのコストを部門ごとにどう分担するかを問題にする者までいた。

手数料率の問題もあった。一般に年金などの機関投資家向け事業は、投信よりもかなり高い手数料をとっていた。このため、手数料では不利になる投信の取締役たちは、機関投資家向けのビジネスを始めた場合に、投信事業の人材をどうやって確保するのかを問題にした。

いずれにしても、深い経験と知識に裏づけられた投信で成功してきたキャピタルが、そうした積み重ねのない機関投資家事業で果たして成功できるのか、そこで失敗すれば投信事業にも悪影響が及ぶのではないか、と心配していたのである。

　こうした戦略上の問題に柔軟に対応するにはどうしたらいいか？　そのために組織はどうあるべきなのか？　それを徹底的に検討した結果、ジョン・ラブラスとシンプは持株会社のアイデアに到達したのである。折しも銀行業界では単一銀行持株会社設立がブームになっていた。キャピタルでも全社をあげて活発な議論が巻き起こった。シャナハンは言う。「何カ月もの間、時間をかけて議論した。特に法的な問題点については、法律顧問のオメルバニー・マイヤース社とデトロイトの顧問弁護士ベン・ロングを交えて徹底的につめた」。多くのスタッフと突っ込んだ意見交換を積み重ねることで、合意を形成していくのがジョン・ラブラスのやり方だった。やがて、「キャピタルは持株会社に移行する。まず投信事業の子会社[1]一社を傘下にスタートする」というコンセンサスが生まれてきた。

「持株会社設立による長期的な成果は計り知れなかった。しかしその頃は、結果のことはあまり考えなかった。とにかく今後の戦略展開のための手段ができたという理解だった」とシャナハンは振り返る。その後長い時間をかけて、白地のキャンバスであったキャピタル・グループという持株会社に、現実のビジネスという実体が描かれていったのである。

フェニックスの会議では、いくつかの新規事業への参入戦略が掘り下げて検討された。

●信託銀行（キャピタル・ガーディアン・トラスト）の設立
●投資信託の名義書換代行業務への進出
●データ処理部門の新設
●国際業務進出の積極的な検討

こうしたプランをめぐる議論は各担当者の主導のもとに二日間みっちり行われ、その後、本社に戻ってさらに二カ月間検討された。新たな事業戦略展開の姿はそれぞれに個性的だった。キャピタル・ガーディアン・ト

（1）キャピタル・リサーチ・アンド・マネジメント・カンパニー

ラストの設立については全員から強い支持があった。個人富裕層を対象にした運用が当初の目論見だったが、やがて高成長の年金や財団資金の運用の受け皿となっていった。持株会社を使った買収戦略も当然視野に入っていた。その第一号にはウォード・ビショップのアメリカン・ファンド販売会社（ＡＦＤ）があがっていた。一九七〇年代前後の長い相場低迷の影響で、同社の独立経営路線も岐路に立たされていたのである。

ＡＦＤは社内外に三つの大きな問題を抱えていた。第一に、ビショップの引退により、社内で強力なエンジン役となるリーダーを失ったことだ。オーナーの地位にとどまったビショップに代わり、社長を継いだのは娘婿のビル・バグナードだった。シャナハンは言う。「ビルは経営管理能力に優れ、主要証券のトップとの関係も良好だった。ただ、セールスマンへの日常的売り込みという面には関心が薄かったようだ」。やがてグレアム・ハロウェイが実務を仕切るようになり、七〇年代初めまでは内のバグナード、外のハロウェイを両輪にして順調だった。しかし、その後のおぞましい弱気相場の展開で、投信販売の落ち込みが続くと、社員はビショップの時代を懐かしみ、前線で共に戦うリーダーを求めるようになっていった。

第二に、業務環境の悪化もひどかった。七〇年代初頭の投信業界はまさに風前の灯だった。投資家はすっかり投信に興味を失い、投信セールスマンの数も激減し、販売収入は急速にしぼんだ。回復の目途はまったく立たず、特に販売会社はお先真っ暗の状態であった。「七〇年代半ばの投信ビジネスは最悪だった」とシャナハンも思い起こす。投信販売額はなんとピークの一〇％へ、全米の証券セールスマンの数も一二万人からわずか五万人へと落ち込んだ。多くの投信販売会社から販売スタッフが去っていった。

そのうえ、ＡＦＤ特有の問題もあった。キャピタルが株式投信に特化していたため、当時わずかながらの売れ筋商品の債券ファンドやマネーマーケット・ファンドを持っていなかったことだ。アメリカン・ファンドの販売スタッフにとっては、リテールの証券セールスマンに売り込むものが何もなかったのである。といって、今さら株式の長期投資の話に耳を傾ける者などいなかった。それにキャピタルの頼みの割安株が、異常な高金利によって手ひどい打撃を受けていたのだ。これでは、いくら超長期的には最高のリターンをもたらす株式投資とはいえ、投資家やセールスマンを説得するのは不可能に近かった。

第三の問題が最も厳しかった。ＡＦＤの赤字幅が増え続け、回復の見込みがまったく立たなかったことだ。販売スタッフの年収もがた減りとなり、一人、また一人と会社を去っていった。最後に残った六人は、重要な証券会社のトップセールスマンをカバーするグループで、まさに同社の中核メンバーだった。いつの日か相場が回復する時のことを考えて、彼らには稼ぎ以上の報酬を支払っていた[2]。キャピタルの中からは、もはやＡＦＤを支援するのは無理だ、打ち切るべきだ、という声も上がった。しかし、よくよく考えてみれば、それでいいはずがなかった。

　要するに、ＡＦＤが抱えていた問題は自力で解決できるものではなかった。外部の助けを必要とした。キャピタルにも強力な販売機能は必要であり、どこかに両者の折り合う点が見つけられるはずだった。ハロウェイは言う。「ビルがどこからか資金を調達してきて、会社を立て直すのは無理だと皆思っていた。といって、我々にも会社を買い取るだけの余裕はなかった。だから、キャピタルに相談する以外、道はなかった」

　キャピタル内部では、ボブ・コゥデイとジム・フラートンがこの件を担当した。マイク・シャナハンが細部まで目を通し、一九七四年にはＡＦＤを傘下に収める方針が打ち出された。この決定は、キャピタルの運用重視の文化を意識しつつ、アメリカン・ファンドの有力な販売先をも確保しようという野心的な試みだったが、解決すべき課題もまた多かった。

　たとえば、その一つは報酬問題だった。ＡＦＤの販売のベテランは、通常ならキャピタルのファンドマネジャーより高い報酬を得ていた。しかし、ＡＦＤが相場の底で買収されると、将来ともファンドマネジャーより下位の給与体系が固定されるのではないかと心配した。一方、キャピタルのファンドマネジャーにしてみれば、営業マンのグループと一緒になってどんなメリットがあるのか疑問に思っていた。要するに、両者とも疑心暗鬼に駆られていたのだ。

この両社の組み合わせは、最終的には大成功であったものの、当時はキャピタルによる救済合併と見られていた。キャピタルにプラスになると見る者はほとんどいなかった。AFDのビショップも七〇歳で、もはや引退は時間の問題だった。しかし、その持ち株にキャピタルは十分な対価を支払った。将来、相場が回復した時に、この会社が投信販売で大きく役立つことへの期待が込められていた。

AFDの救済、そしてキャピタル・グループ入りは、社員にとっても大問題だった。しかしハロウェイは、シャナハンの代理として販売部隊を誠実に説得し、落ちこぼれなく新組織に移すのに成功した。シャナハンはハロウェイを信頼して本音で話し、ハロウェイもスタッフにそのまま伝えた。投信会社はもともと販売か運用かどちらかに偏る傾

（2）そのことに彼らも気づいていた。キャピタルの熱意は十分に伝わっていたのだ。「環境が変われば人の心も変わる。だが、それでは信頼関係が損なわれていく」とセールスマンの一人は語っている。

向がある。だがシャナハンの功績は、この両方の強みを持った組織を作り上げたことにある。

ＡＦＤがキャピタル・グループ入りして間もなく、株式市場は史上最長の上昇相場に入り、投信市場も好転していった。その後、ＡＦＤはすっかり立ち直り、販売スタッフも一九九五年には六〇名を超え、現在は八六名に達している。ちなみにその内訳は、通常の投信販売担当が六五名、確定拠出年金担当が一八名、個人向け投資顧問担当が五名である。(3) 彼らは週五日出張などの激務をこなしているが、待遇は業界一。最高の運用商品を扱えることを誇りにしている。

経営学者のアルフレッド・チャンドラーには、「企業の戦略と組織」という有名な論文がある。その中でチャンドラーは、これまで両者の間には皮肉な関係が数多く見られたという実態調査を発表している。驚くべきことに、企業の戦略がその組織を決めているのではなく、長期的にはその反対で、企業の組織がその戦略を決定しているというのである。

チャンドラーは、シアーズ・ローバック、デュポン、スタンダード石油などアメリカを代表する優良企業の歴史を振り返り、それぞれ異なった産業に属しているにもかかわらず、驚くほどの共通点があるのを発見した。これらの企業は、ある特定の時期に、特定の市場で卓越した戦略によって大成功を収める。ところが、どの企業もその後の市場の変化についていけず、業績はどんどん悪化し、倒産の危機に見舞われる。なぜだ？なぜ優良企業がそこまで放っておかれるのか？どうしてその市場で衰退していくのか？チャンドラーはこの点について、企業の成功が組織の硬直化をもたらすと、次のように説明している。

ある特定の戦略によって成果が明らかに出てくると、企業はその方向へより効率的な組織化を進め、短期的には業績はいっそう拡大する。その結果、徐々にそういう成功体験に基づく発想、仕事のやり方だけが評価され、そうした価値観を共有する。したがって共通の欠点を持つ人々だけが権力を握るようになる。彼らにとっての優先課題は、慣れた仕事のやり方を仲間と一緒に続けることであり、組織は必然的に硬直化していく。

そして経営の軸足は、急速な市場変化にいかにダイナミックに対応していくかということよりも、内部事情のほうに移っていく。この間、企業を取り巻く市場環境はどんど

(3) 若干の兼職があるので、合計は八六名を超える。

ん変わっていく。しばらくの間は、この企業も適切な戦略と効率的組織により業績をあげているように見える。しかし現実には、その市場で競争力を失いつつあるのだ。

歴史家としてのチャンドラーは、多くの実例をあげて、企業の組織がより細かく効率的にできているほど、組織と幹部社員の思考はより硬直化することを明らかにしている。組織の安定と効率性が何よりも優先され、しかも効率性の尺度もどんどん細分化していく。極端な場合、顧客に提供される商品・サービスの価値を高めることよりも、コスト節減のほうが優先される。こうしたプロセスを経て、企業は坂道を転げ落ちていく。チャンドラーの結論は、企業の組織が戦略的に有効であればあるほど、皮肉なことに、その組織の有効性が企業の戦略にとって命取りになってくる、というものである。

持株会社の設立は、この問題に対するキャピタルとしての一つの対応を示すものと言えよう。

第7章　真の投資家向けサービスとは？

どんなに優れた運用機関でも、事務処理や運用報告のサービス業務がお粗末なら、投資家の信頼は得られない。キャピタルの場合、このサービス業務改善のきっかけとなったのは、なんと大きな「靴箱」だった。もちろん、問題の象徴としての靴箱なのだが、それはキャピタルの社内にあったわけではない。置かれていたのはバンク・オブ・アメリカの証券管理部門だった。そこでは毎日、自社や顧客のために、何億ドルにものぼる株、債券、キャッシュの決済が行われていた。その大部分はアメリカン・ファンドなど投資信託向けのものであった。

問題は、その大きな靴箱の中に、証券決済のために必要な膨大な重要書類がしまわれていたという事実だ。それほど当時のバンク・オブ・アメリカの証券決済業務は大混乱に陥っていた。文字通り書類の海の中で溺れていたのである。そして、溺れる者同様、手の届くところにいる者を──この場合はアメリカン・ファンドの決済業務を──道連れにしようとしていた。

しかし、キャピタルのファンドマネジャーはこの問題にまったく無関心だった。運用の連中はどこでも、ファンドの経理や証券の保管・決済といった事務処理には興味がないものだ。もともと赤字の分野で、多くの現場スタッフが黙々と定型事務をこなす部門である。運用のプロを自認するキャピタルでも、「面倒な事務処理はバンク・オブ・アメリカに任せておけばいい」という調子だった。

ただ、ボブ・コゥデイの考えはまったく違っていた。証券投資に馴染みの薄い個人投資家に対しては、便利で正確、かつ信頼できる報告やサービスが非常に大事であることを十分心得ていた。ボブ・イーグルストンも強調する。「事務処理や運用報告こそ、投資家の信頼を得るための鍵だ。投資判断は間違えても許してもらえるかもしれないが、事務のミスが出たらおしまいだ」

顧客の大切なお金を運用している以上、正確で遅れのない報告こそが、投資家やセールスマンの信頼を勝ち取る条件なのだ。事務処理部門でも、キャピタルの企業理念である「すべての仕事でベストを目指す」のであれば、結局、バックオフィスの仕事を社内に取り込む以外にない。これがコゥデイとスタッフたちの下した結論だった。証券決済業務を知り尽くしていたコモンウェルス・ファンドに二五年勤めていたコゥデイは、この仕事の難しさを知っているつもりだ。「投信の名義書換代行をずっとやってきて、この仕事の難しさを知っているつもりだ。だから事務処理の内生化にはいちばん消極的だった。もし会社に取り込んだら、常に事務の改善を続け、自分で最高の機能を作り上げていかなければならないからだ。

しかし、結局、現実からは逃れられない。最高のサービスは自分たちでやるしかない」

キャピタルなら社内に名義書換代行業務を立ち上げられる、とコゥデイは確信していた。それがアメリカン・ファンド・サービス（AFS）として結実する。しかし、キャピタルの要求する最高レベルのサービスを実現するためには、さまざまなレベルの管理職ポストに就く者にも、他の部門と遜色のない処遇を与えることが必要だ、とコゥデイは確信していた。『すべての部門の仕事でベストを目指す』という社是は、それ自体大事なものだ。しかし、それ以上に重要なのはその背後にある気持ちのほうだ。なぜなら、すべての部門でこの方針を実現しようとしているからだ」

一九六八年にAFSが設立されて、キャピタルは事務処理の品質を自社で管理できるようになった。やがては名義書換代行だけでなく、あらゆる事務を同社に集中することになる。

コッデイは全員に対し、投資家サービスの分野で業界トップを目指すことを明言した。「これでAFSの将来の混乱の根を絶つことができる」。最高の仕事をするためには最高の人材を発掘し、磨き上げ、適切に処遇し、そして彼らの仕事の価値を十分に評価しなければならない。

しかし、そのためには投資管理業務に対する社内の見方を一変させる必要があった。だからコッデイの仕事はまず、優れた管理業務の意義を社内に浸透させることにあった。こうした質の高い管理部門の立ち上げにはかなりのコストがかかり、当時のキャピタルの赤字に追い討ちをかけるものであった。しかし、ジョナサン・ラブラスもジョンも、長期的な観点からコッデイの提案を強く支持した。

提案のタイミングは完璧だった。「靴箱」に象徴されるように、当時、バンク・オブ・アメリカの代行業務は大混乱に陥っていた。足を引っ張っていたのは急成長のエンタープライズ・ファンドだった。おびただしい数の小口投資家が毎月一〇〜一五ドル程度の少額の追加入金を行い、しかも一日に二回残高を確認しなければならない。まったく手間のかかる不採算のファンドだった。このためバンク・オブ・アメリカの証券管理はパンク寸前だった。それに輪をかけたのは、同行のコンピューター部門を統括する責任者が、銀行全体の業務需要動向をまったくつかんでいなかったことだ。そのため、同行のドル箱部門であるカリフォルニアのリテールバンキングから突然の事務処理要請が舞い込むと、アメリカン・ファンドを含む投信の管理業務は後回しにされたのだ。

このままバンク・オブ・アメリカのサービスを受け入れていたら、投資家やセールスマンに対するキャピタルの信頼はひどく傷ついていただろう。コゥデイの絶妙な提案がその泥沼からキャピタルを救ったと言える。

コゥデイの絶え間ない努力によって、今やキャピタルの従業員の大部分を占める管理部門のスタッフも、営業や運用部門と同じように、品質の高いサービス提供に励んでいる。そして一九八三年には、最高の設備を備え独立したオフィスビルを、オレンジ郡のブレアに構えるまでになった。

過去二六年の間に、ＡＦＳのスタッフは一六〇名から二〇〇〇名に増加した。全米に広がる四つのコールセンターと結び、二〇〇〇万口座を管理している。コールセンターへの電話照会は一日平均二万五〇〇〇件、ピークで三万五〇〇〇件。呼び出し音三回以内で顧客に応答する。照会はファイナンシャル・アドバイザーと個人投資家が六対四の割合である。

ＡＦＳのサービスセンターのスタッフは運用部門と比較して学歴や給与体系は違うも

の の、 その処遇は業界平均をはるかに上回る。業界平均の退職率は年六〇～七〇％にも及ぶが、ＡＦＳでは実質九％と驚くほど低い。サービス向上とコスト削減を積極的に進めているが、最近の五〇〇万口座の増加に対しスタッフは一〇〇名しか増えていない。言い換えれば、スタッフ一人当たりの処理口座数が五〇〇〇から九〇〇〇口座へ飛躍的に増えても、サービスの質を落とさない、高い生産性なのだ。この結果、ＡＦＳのサービス価格は業界平均を大きく下回ることになった。

一般に個人向け投信でも機関投資家向け運用でも、運用報告などのサービス面の仕事は、運用機関では運用そのものほど重視されていない。その結果、顧客との信頼関係を維持するうえでは、高品質のサービスが極めて大切であるにもかかわらず、そのことが忘れられがちだ。運用成果はなかなか理解しにくいのに対し、サービスの質は一目瞭然だろう。だから、サービス面の不満は直ちに信用失墜につながる恐れがあるのだ。サービスを信頼獲得のための投資として理解している運用機関はほとんどない。単にコストとしてしか見ていず、そして必要最小限の仕事しかしようとしない。

顧客にとってどれほどサービスが大切かを理解しない運用機関には、何年かに一度は必ず起こる成績悪化の時期に、そのツケが回ることになる。資産運用業の歴史を見れば、長期にわたって成功している会社は、卓越した運用とサービスの両面において実績を示していることがわかる。

この業界でも、サービスは有効なコミュニケーションから始まる。聞きなれない用語が混じった専門的な話でも、相手が十分に理解できるように、簡潔でわかりやすさを第一に心がけることだ。ストレスの強い仕事に忙殺されるファンドマネジャーにとっては、運用報告など二の次だと思われがちだ。しかし、期限内にきちんと届けられ、明確でわかりやすい報告書、予定通り執行される送金事務は、いつも大切な仕事である。経営コンサルタントであれ投資銀行であれ、法律事務所であれ運用会社であれ、トップクラスの企業は日常の事務処理でも完璧を期さねばならないことを常に意識しているものだ。

資産運用会社としてのキャピタルは、個人投資家や機関投資家の別なく、最高の顧客サービスを提供することを大方針としている。それを可能にしたのは、この仕事を立ち上げる能力と人柄を兼ね備えたキーパーソンが社内にいたことによる。そして、この方針を長期的に堅持できるような外部環境にも恵まれていた。

スタッフが気持ちよく働けることが職場に定着する必須の条件である。そのためキャピタルは、管理者教育に特に力を注いだ。ＡＦＳの従業員の間で最も人気があったのは、年に六〜八回ある「デニム・デイ」だった。地元のNBAチーム、レイカーズが優勝した時など、カジュアルな服装でみんなで祝おうというものだ。仕事では生産性向上に全力投球する仲間たちも、この日ばかりは普段着で形式ばらず、温かい交流ができる、と喜ばれた。

アメリカン・ファンドの解約率が低く、シェアが伸びている理由は明らかだった。投資家向けの素晴らしい報告書である。コゥデイは言う。「これまでは、法律上の必要を満たすだけのつまらないものだった。それをジム・フラートンが抜本的に変えてくれた。投資家には面白く読めるし、自分の投資内容も手に取るようにわかるんだ」

それまでファンドマネジャーが書いていた四半期報告や年次報告は、専門知識をひけらかし法律用語に溢れていた。それを見てフラートンは、業界最高のものを作ってやると心に決めたのだ。そのため、まず他社の報告書を取り寄せて参考にし、わかりやすい図表や、内容のある簡潔な表現を用いて全面的に書き直すことにした。

「宣伝・広告をしないキャピタルのいき方は素晴らしい」とフラートン。「しかし、投資家への報告書は、読みやすくて面白く、必ず役に立つものにしたかった。テーブルの上に置かれるだけのお飾りでなく、それを読んで投資家自身に自分のファンドの中身をしっかり理解してもらいたかった」。まず読者を惹きつけるには、文章の書き出しが大事だった。そこにインパクトを込めた。囲みやコラムを設けたり、忙しい人には見出しを読めばわかるようにもした。ファンドマネジャーの写真を掲載すれば親しみもわき、投資家の印象に強く残るはずだ。文筆家のフラートンはさまざまな工夫を加えた。アマチュアのカーレーサーとしてはトップクラスだった、ボブ・カービィの助言も大いに役に立った。「運用の仕事もカーレースみたいなものだ。毎回のラップタイムでいつもトップを走る必要はない。しかし、最後はレースをきっちり仕上げなければならない。もちろん、リスクは取らなければならないが、取りすぎるとフェンスに激突する。取る価値のあるリスクと、そうでないリスクがあるのさ」

一九七四年に出されたレポートには、長くて厳しい下げ相場が続いた後、そろそろ買い場が近づいてきた、という趣旨のことを書いた。「では、どうすればよいのか?」。投資家の反応は手に取るようにわかる。多くの投資家が経験したことのないほど大きな損失を出していたからだ。フラートンは一九三七〜四二年までの下げ相場を例にあげて、投資家の理解を深めようとした。「あの頃はもっとひどかった。超過収益税が課され、価格統制や割り当てもあった。そのうえ、海外ではアメリカ商品が締め出されていた。それに比べれば相当ましだ」。レポートが出て数日もしないうちに相場は動き始め、長期上昇トレンドへと展開していった。

投資家サービスは、会社型投信のガバナンスの問題とも関わりがある。投資信託の取締役に誰がなり、彼らが十分な情報を得てその役割を果たしているかどうかが影響してくるのだ。そうした取締役は運用会社とは無関係な、独立した取締役によって選ばれるのが建前である。しかし、現実にはファンドマネジャーの影響下にあるケースが多かった。運用会社にとっては、物わかりのよい取締役は大歓迎だったし、大手の場合、総額五〇万ドルにも達する報酬が支払われているのを見れば、そうなるのも無理はなかった。

キャピタルの考え方はこれとはまったく対照的だ。業界最高の取締役会を設けるというのが社是だった。ロス産業界に顔の利くジョナサン・ラブラスは、一流の経済人の名を揃えた。強力で真に独立した取締役会に、重要と思われる情報をすべて提供することで、取締役も十分質問ができ、ガバナンス上も適切な回答を引き出せると考えたのだ。キャピタルはファンドのガバナンスとマネジメントとの間に一線を引き、個別銘柄の選択といった戦略上の問題に首を突っ込まないような、経験豊富な人材を求めた。当時はどの投信でも運用会社がファンドの取締役を指名していたが、ジョン・ラブラスは社外取締役に任せることにした。今日では米証券取引委員会（SEC）もこの方式を取り入れている。

このほか、キャピタルが投資家の長期的な利益を最優先する具体的な方法は多岐にわたった。

- 独創的かつ慎重な商品開発戦略
- 堅実な投資スタンス
- 長期的視点に貫かれた運用報告
- 第一級の顧客サービス
- 税金・手数料などのコスト削減努力

節税にも注目し、他社が気づくはるか以前から短期売買の割高な税負担という問題点を指摘してきた。また新商品を開発する場合には、募集開始時に購入すれば利益が出るように、相場が十分下がるまで売り出しを待つのが普通であった。なかには相場が活況の時のほうが売れると、不満を漏らす証券会社もあったくらいだ。

エマージングマーケットでの運用商品もそうだった。キャピタルは一九八六年以来、機関投資家向けにエマージング運用を手がけ、猛烈なリターンを上げていた。そのため一部の証券会社から、これを投信でも商品化してほしいとの要望があがった。しかし、同社は慎重な姿勢を崩さなかった。個人投資家にはこの商品の持つ高いリスク特性が容易には理解できない、と見ていたからだ。一九九七年には改めて、この種の投信を商品化する意思がないことを明らかにしている。たしかに発売すれば、よく売れるに違いない。しかし、この分野は驚くほど（市場のＰＥＲ）水準訂正による価格変化が激しく、いつかは投資家を危険にさらしてしまうと考えていた[1]。

他社の得意分野にむやみに参入しないのも、キャピタルの基本方針の一つだ。たとえば、一九七四年のマネーマーケット・ファンドがそうだった。ジョン・ラブラスは、フィデリティやドレイファスが先行しているその分野には参入しないことを決断した。その理由の一つは、株式相場が下がったところでマネーマーケットにシフトするのは、投資家にとっても得策でないからだ。もっとも、その本音は、まだこの分野の運用能力がないことを自覚していたからにほかならない（他社にしてもそれほど力があったわけではないが、とにかくスタートさせていた）。その後、株式市場が回復してから、キャピタルも短期物の運用体制を整え、マネーマーケット・ファンドの運用を開始している。

このように、キャピタルの経営方針は慎重とはいえ、前向きな姿勢と一体化しているところに特徴がある。ワルター・スターンが言うように、「販売証券会社や個人投資家に対しても、言い訳しなければならないような仕事をしてこなかった。これがキャピタルの本当の強さ」なのだろう。

一般に資産運用会社では、運用力と収益のいずれを重視するか、そのバランスをどうとるかが重要課題である。キャピタルの場合、「我々は常に運用の専門能力を収益よりも上に置いてきた」とビル・ハートは言う。「高度に専門的な仕事として世の中で認められているのは、弁護士、牧師、教師、医師の四つだが、これに加えて個人投資家の資産運用を助ける仕事も、なくてはならない五番目の専門職だと思う」

キャピタルのアメリカン・ファンドにおいては、運用対象とする（会社型投信の）株式クラスは一つに限るという方針を頑なに守ってきた。アメリカン・ファンド販売会社

（1）キャピタル・インターナショナルによる機関投資家向けビジネスも、エマージングマーケットでの運用を厳しく制限されていた。そしてアジア通貨危機直後の一九九九年、多くのエマージング向け投信が軒並み半値以下まで下落した後に、ようやくキャピタルはこの市場を対象にした初の投信を売り出す。相場の大底で発売されたこのニューワールド・ファンドは、途上国債券とそこに本社を持つ国際的な企業の株式とを組み合わせたものだった。

（AFD）の設立者、ウォード・ビショップは常々、「固定観念にとらわれるな。あらゆる分野で改善を進めよう。しかし、株式クラスは未来永劫、絶対に一つだ」と明言していた。一九四〇年代から七〇年代にかけては、販売証券会社も個人投資家も、一定の料率に基づくクラスA株式に投資する仕組みに満足していた。キャピタルの経費は安く、販売手数料にしても一〇年以上保有すれば十分おつりがくるほどだった。だから、キャピタルはノーロード（販売手数料ゼロ）投信を採用しなかったし、無意味な価格競争に引きずり込まれずにすんだのである。しかし、市場の巨大なうねりは、この方針にも再考を迫っていた。

ローテンバーグは一九九五年のある晩、デイブ・ショートとケビン・クリフォードの二人をロサンゼルスで夕食に招いた。そして、まだ三八歳と四二歳という若さの二人に、AFDの会長と社長に任命する、と伝えたのである。AFDの基本方針を再検討し、新たなビジネスモデルを構築するのがその使命だった。ロスが好きなクリフォードは喜んだが、ショートの心境は複雑だった。もともとピッツバーグの人間だったし、ロスに家族を連れてくるのも心配だった。ローテンバーグはその不安を打ち消すように、「この交通・通信の発達した世の中で、わざわざロスに引っ越すまでもない。どこにいたって、セールスマネジャーの仕事はできる」と背中を押した。

通信技術ばかりでなく、投信販売も急速に変わりつつあった。アメリカン・ファンドは新たな脱皮を迫られていたのである。業界の環境も、従来のアドバイス無料で販売手数料を取る方式からノーロードで顧問料を取る方向へと移っていた。[2]こうした中で、単一株式クラスに固執するアメリカン・ファンドは時代遅れのものになっていた。もはや急激に取り残されていくマーケットのお山の大将でしかなく、そこでいくら頑張っても先は見えていた。

「これだけ自由で競争の激しい市場では、従来の販売戦略だけでは通用しない。販売証券会社の関心は、多様化する投信のほうを向いている」。機関投資家部門から投信を指揮するために戻っていたローテンバーグは、ファンドの既存投資家に対しても公平さを維持することを基本条件として、ショートとクリフォードに新戦略の策定を命じたの

(2) キャピタルの販売手数料は高いと見られていた。たとえばディーン・ウィッターのように、アメリカン・ファンドを敬遠する証券会社もあった。一九七〇年代には、販売手数料をゼロにしようという議論もあったが、結局、ジム・フラートンの意向で据え置かれた。難しい時期にも投資家は手数料に見合うだけのアドバイスを期待しているものだという見方もあったが、結局のところ、一〇年も持てばキャピタルのコストは割安だった。

である。

しかし実のところ、既存投資家、販売証券、新規投資家のすべてに公平な解決策を見つけるなど簡単にできるはずがない。そのためローテンバーグは、二人に対し最初からシャナハンをチームに加えるよう指示した。ソクラテスのように執拗に質問を重ねて解決策を見出すシャナハンの手法は、時間がかかると覚悟していた。

彼らは何カ月もかけて、あらゆる角度から徹底的に検討した。コンピューターによるシミュレーションを何度も繰り返し、そしてようやく結論が出た。複雑な投信市場の主要な分野をカバーするため、アメリカン・ファンドは単一の商品体系から一四種類になった。大学進学用の積み立てファンドが四種類、年金が五種類、リテールが四種類、そしてファイナンシャル・プランナー販売用が一種類である。(3)「すべての投資家に対して公平であることが、こんなに難しいとは思わなかった」ともらしたクリフォードに、ジョン・ラブラスは短く、「そういうものだ」と答えたという。

投資家のタイプに合わせた、きめ細かい投信販売戦略はずばり当たった。「過去一〇年間で、我々は最も成長した投信運用会社の一つである」。ローテンバーグは控えめに胸を張った。「一九八七年の業界一四位から、今日では三位にまでなった。(4)これは実に単純な戦略によるものだった。良好な運用成績、満足のいく顧客サービス、そして販売証券会社の強力なサポート。このために努力を積み重ねてきた。やっとトップグループの一角に食い込むことができた」

下げ相場においては投信販売は落ち込むものである。しかし、そういう中にあっても、彼らはきちんと仕事をこなせる販売証券会社と信頼関係を築いてきた。そのためには相手も十分な報酬を得ていなければならない。もちろんキャピタルにぬかりはなかった。(3)

AFDの安定した販売手法は、環境が悪くなってもシェアを落とすことがなかった。

「一九八七年のブラックマンデー直後の相場低迷時にも、AFDは販売方針を変えなかった。基本戦略が試される、辛い時期だった」。クリフォードは言う。「他社はクローズドエンド型の債券ファンドや、短期のバランスファンドを売り込んでいた。たしかに、

(3) 401(k)向けと、一〇〇万ドル以上の大口に対しては、販売手数料は免除された。

(4) アメリカン・ファンドの一九七四年における販売額は七五〇〇万ドル。これが二〇〇二年には七〇〇億ドルを超えている。

(5) 年間四億～五億ドルの投信を売れば、その証券会社は全米ランキングの上位に入った。二〇〇一年には一〇億ドルを売ったところは九社しかない。

その時は良さそうに見える。しかし、重さ八オンスのオレンジから一二オンスのジュースが取れるはずがないように、短期証券や債券に投資して長期的に高い成果をあげるのは不可能だ。お客のためにならないことをやって、いいはずがない」

投資家と販売証券会社の双方から信頼を高める、そのために努力し続けるのが、キャピタル・グループの基本方針であった。グレアム・ハロウェイは言う。「我々のような販売手法をとれば、当面の仕事だけでなく、将来の分まで報酬を十分支払う必要がある。しかし、苦しい時もそうやって、元を取ってきたのだ」。アメリカン・ファンドの解約率は、業界平均の二五％の半分以下の一二％である[6]。

また、キャピタルの経費率も業界平均の半分という低さだ[7]。ローテンバーグは説明する。「当社の投信関連の手数料体系は一九三〇年代に作られたもので、全ファンドに適用されている。だから今となっては、新規流入資金に対する限界手数料率としては極めて低い。インベストメント・カンパニー・オブ・アメリカ（ICA）・ファンドの場合だと、〇・二五％以下だ」

キャピタルは控えめにではあるが、表に示されるような手数料の低さを徐々に宣伝し始めている。この差は長期投資家にとってはバカにならない。

実は、長期投資家を大事にするキャピタルのやり方を踏襲するような制度が、一九八八年にSECによって導入された。12（b）－1プログラムという新しい手数料体系だった。これで投信業界の基本コンセプトは一変することになる。というのも、この制度は投資家が投信を保有する限り、管理手数料を毎年、販売証券会社に支払うことを認めたものだったからだ。

以前は、販売証券に対する手数料は最初の販売手数料（ロード）に限られ、投資家に長期保有を勧めるようなインセンティブは働かなかった。いうなれば、投資家に次から次へとファンドを乗り換えさせれば、手数料がどんどん入る仕組みだ。割安型とか成長型とか、特定のスタイルを持つ株式投信では、そのスタイルが市場全体の動きに合わなければ成績不振に見え、投資家は見切りをつけ、〝一時的に〟好調に見える他のファンドに乗り換えることになる。ところが、これは往々にして下がったところで売り、上がったものを買うという、最悪の結果につながることが多い。こうした乗り換えによる損

（6）アメリカン・ファンドの平均的な投資家は、二万ドルのファンドを二つ、そしてほぼ同額を他の投信にも投資しており、合計で約八万ドルの投信を保有している。

（7）ICAより残高の二五％少ないフィデリティのマゼランファンドは、三倍の運用手数料率を取っている。

失は、そうしなかった場合の長期平均リターンの三分の一にも達するのだ。

こうして、投資家の投信保有残高に応じて年〇・二五％の管理手数料を販売証券会社に支払うという制度は、投信業界のあり方を根本から揺さぶることになった。証券会社にとっても、顧客に長期保有してもらえるような投信を売るインセンティブが生まれたわけである。当初、大手投信会社はこの動きに抵抗を示した。しかし、証券界は成績不良の中小投信会社を狙い打ちし、新たな管理手数料を導入しなければファンド販売を打ち切ると脅しをかけ、外堀を埋

キャピタルのファンドの経費率

	キャピタルのファンド＊	業界平均	差
アメリカン・ミューチュアル	0.58%	1.43%	0.85%
アメリカ配当株ファンド	0.61	1.34	0.73
ICA	0.56	1.43	0.87
ワシントン・ミューチュアル	0.64	1.43	0.79
アメリカ成長株ファンド	0.72	1.51	0.79
ニュー・パースペクティブ	0.79	1.83	1.04
AMCAPファンド	0.69	1.51	0.82
欧州・アジア成長株ファンド	0.90	1.92	1.02
ファンダメンタル・ファンド	0.63	1.43	0.80

（注）ルール12(b)-1に基づく販売会社向け0.25%の管理手数料を含む。

めていった。やがて管理手数料は徐々に大手にまで浸透することになり、今や業界で一般化している。

この管理手数料(8)は、もちろんファンドから支払われる。したがって、全投資家が負担する追加コストである。しかし長期的には、投資家と販売証券との関係を改善し、特に下げ相場における解約の抑制を通じて運用成績を向上させるという意味で、投資家にとってもメリットの大きいものだと言えよう。

キャピタルはこのプログラムを詳細に検討し、業界標準となる価格体系を打ち出すべきだという結論に達した。具体的には、第一に、ファンドの投資家負担となる管理手数料率を〇・二五%と決め、それを上回る場合は投信会社の負担とする。第二に、今後の新規ないし追加購入に当たっては、販売手数料の引き下げによって管理手数料負担を吸収しようとした。実際、販売手数料は八・五%から五・七五%に引き下げられ、同時に一〇〇万ドル超の購入と401(k)プランについては取らないことになった。

「この管理手数料は、実質的に我々の運用手数料を上回ることすらあった」とローテ

(8) 投信会社によってばらつきはあるものの、〇・二五%の管理手数料のうち、販売証券は三五～九〇%を自社の取り分としていたようだ。

ンバーグは言う。「優秀なセールスマンは、これで毎年、二〇万〜二五万ドルの収入を稼いだ。お客を大切にすることがいかに重要か、この点をいつも証券会社に強調したものだ」

第8章　果敢な買収戦略

　これまでの企業買収の歴史を見ると、一般的にその成果はあまり成功とは言えない。結果的に買収価格が高すぎたり、当初期待していた戦略的シナジーが生まれなかったり、というケースは枚挙に暇がない。結局のところ、対象企業の実態を正確に知っているのは買い手よりも売り手であり、その売り手から見ればいらない企業なのだ。失敗したM&Aは、どちらかと言うと情緒的に決められた場合が多いようだ。特に資産運用におけるM&Aは失敗例が多い。

　しかし、キャピタルは周到な準備を積み重ね、長期的な視点から対象企業の価値を分析して、いくつかの買収を成功させている。そればかりか、被買収先の人材を組織内にスムーズに組み込んでいく実績を通じて、望ましい買収先という評判も得ていった。その成功の背景には、魅力的な買収条件の提示、明確な補完関係、組織的融合といった三つの条件がある。もちろん失敗例もあるものの、成功したケースの中には当初の期待をはるかに超えるものもあった。

ただ、キャピタル・グループの買収事業の出足は順調とはいかなかった。当初は大成功のように見えた案件も失敗に終わり、現在絶好調のベンチャーキャピタルにしても最初は問題山積みで、危うく立ち上がらないところであった。

まず一九六三年に、サンフランシスコのコモンウェルス投信グループに売却の話が持ち上がる。同社のボブ・コゥデイ社長は、キャピタルのチャック・シンプをサンフランシスコに招き、二週間にわたって議論した。その結果、キャピタルの卓越した運用力と、コモンウェルスの優れたカストディと顧客サービス業務とは、強力な補完関係にあるという認識で一致した。しかし、コモンウェルスの大株主で、地元の大立者であるワルド・コールマンの反対で、キャピタルは売却先候補から外された。サンフランシスコの伝統的な考え方からすれば、地元の名門企業をこともあろうにロサンゼルスの会社と合併させるなど、もってのほかなのであった。

ジョナサン・ラブラスとの最終交渉をまとめる承認を得ていたコゥデイは、これには大変なショックを受けた。

ここでサンフランシスコの名門である消防士保険ファンドが、買収に名乗りを上げた。コモンウェルスを傘下に収め資産運用業に参入しようと目論んだのである。すでに東部では、ステート・ストリートがハーバード大学基金の運用で実績をあげ、年金や投信事業に手を広げていた。ほかにもイェール大学やMITで同様の事例が見られた。スタンフォード大学基金に狙いを定めた消防士ファンドは、なんと運用手数料ゼロで話を持ちかけた。

「コモンウェルスが消防士ファンドに売却されると聞いて、私は即座に辞表を出した」とコゥデイは言う。「その先どうするかは決まっていなかった。ジョナサンに電話を入れると、すぐロスに来てくれという」。顧客サービスの改革にコゥデイが力を発揮してくれるとジョナサンは見抜いていたからだが、その活躍は前章で見たとおりである。そして一一年後の一九七五年、改めてコゥデイはコモンウェルスとキャピタルの合併に力を尽くすことになる。

コモンウェルスを買収した消防士ファンドはその二年後、アメリカン・エキスプレス（アメックス）に買収され、アメリカン・エキスプレス・ファンドと社名を変更する。そして、商品多様化の一環として「超成長ファンド」を打ち上げた。これは買収合戦などの特殊な状況に関連した株や、流動性のない私募債などを組み入れた、「ハイリスク・ハイリターン」型の商品であった。

ところが、そうとは知らずに、アメックスの名前を信用して一般投資家が大挙して購入したまさにその時、株式相場は崩れ始めたのである。アメックスの超成長ファンドの成績は惨憺たるものだった。そのため一九七四年には、我慢しきれなくなった多くの投資家が怒り狂って解約に殺到した。

アメックスにとってより深刻だったのは、本業であるクレジットカード業務への悪影響だった。事実、ファンドの値下がりに抗議して、切り刻んだクレジットカードを運用報告書に添えて送りつけてくる投資家もいたくらいだ。そのうえ、ファンドマネジャーに対する訴訟も懸念された。大規模な訴訟にでも発展すれば、アメックスの屋台骨が揺らぎかねなかった。

このまま手をこまねいていては、何よりも貴重な企業イメージと顧客の信頼を失うのは目に見えていた。アメックスは早急に手を打たねばならなかった。言うまでもなくファンドの売却である。そしてその相手候補として誰の目にも明らかだったのはキャピタルだった。

一刻も早く、そして的確に話をキャピタルに伝える必要があった。ここで幸いしたのは、アメックスが幅広い金融サービス戦略を展開する中で、大手証券のドナルドソン・ラフキン・ジェンレット（DLJ）を傘下に収めていたことだ。DLJはキャピタルと取引があったのだ。アメックスの指示を受けて、DLJの社長は、キャピタル・グループ社長のボブ・イーグルストンにアメックス・ファンドの買収を打診する。(1)

しかし、難しい問題だった。何しろ一九七四年末までは、投信会社は軒並み経営が苦しかった。株式市場は暴落し、投信の新規販売は完全にストップしていた。受託資産残高と手数料収入はどんどん減り、キャピタルの収支にしてもトントンまで落ち込んでいた。そのため、キャピタル自身の未公開株の評価額は下落するほどだった。長期戦略重視のキャピタルですら、この話は見送る方が賢明なように思えた。

ただアメックスにとって幸運だったのは、キャピタルの経営陣に、アメックス・ファ

(1) 法的には、ファンドそのものではなく、投信の運用委託会社の買収である。会社型投信では独立した取締役会が運用委託先の選定を含む基本方針を決定する。当時、アメックス・ファンドの社外取締役だったスタンフォード大学のジョン・マクドナルドは、キャピタルの運用能力の活用が投資家の利益になるとの判断から、買収案件に賛成したと述べている。

ンドの内容を知り尽くしたコゥデイがいたことだ。しかも、キャピタル内部でのコゥデイの声望は高かった。それにキャピタルは内部留保が厚く、不況時への備えも十分だった。いわばこの買収は割安な価格で資産を手に入れられる、稀に見るチャンスだったのだ。

結局、キャピタルは一ドルというタダ同然の価格で、アメックスの運用委託会社と、スタンフォード大学基金を含む七億ドルの受託資産を手に入れた。サンフランシスコのコアの運用チームの獲得も同様に価値があった。振り返ってみれば、買収のタイミングも最高だった。長く続いた下げ相場の、まさに大底近くで行われたのである。相場低迷時に長期的な価値実現に焦点を当てて投資するという、キャピタルならではの手法だと言ってよかった。

一九七八年のアンカー・グループの買収は、さらに好条件であった。人や組織は引き継がず、資産だけの買収だったのだ。ある晩、業界団体で旧知のアンカー・グループの社長が、ジム・フラートンの自宅に電話をしてきた。「実は、株主のナショナル生命保険が投信事業から手を引くことになった。これから投資家の利益をどう守っていけるか心配だ。キャピタルなら投資家にとっても安心だし、買収する気はないか」。それに答えてフラートンは、「考えてみよう。過去に例がないわけではない」

結局キャピタルは、アンカー・グループを純資産簿価の一・二倍プラス一ドルで購入することで合意した。アンカー・グループの運用委託会社の資産はほとんど現金で、将来の解約見込みを差し引いてもマイナスにはならなかった。買収後、ファンダメンタル・インベスター・ファンドを除き、アンカーのすべてのファンドはキャピタルの既存のファンドに統合された。

このほかに、二つの買収案件が検討されたが日の目を見なかった。ドナルドソン・ラフキン・ジェンレットからアライアンス・キャピタルを買収する話があったが、まとまる寸前に運用責任者の猛反対で頓挫した。もしアライアンスをその時に買収できていれば、時価総額は一〇〇倍にもなっていただろう。

IOSも一時期、買収候補にのぼったことがある。ジュネーブにいたキャピタルの国際部門の責任者ケン・マチソンガーストが、たまたまIOSの総帥コーンフェルドの隣に住んでいた。そこでコーンフェルドから買収の打診を受けたのだ。しかし、IOSの財務諸表を精査してみると、多額の偶発債務があることがわかり、交渉は打ち切られた。もちろん、コーンフェルドのような派手な性格はキャピタルのような保守的な文化と、もともと相容れないものであっただろう。

もう一つの買収例は、いわば身内の間のものである。一九六九年に、キャピタルの二人の社員がグループ内に立ち上げた企業である。グリニッジ・マネジメントという、コネチカット州に設立された投信会社だった。[2] キャピタルの方針が保守的すぎると思った彼らは、自らの考えを実現したいという野心に燃えていたのだ。キャピタルはそのアイデアを受け入れ、彼らが別のブランド名で、ロサンゼルスから遠く離れた東部で事業を始めることを認めた。キャピタルにとっても事業多角化の実験であり、成功すれば、とともに収益が期待できた。

グリニッジ・マネジメントは一九六九年に成長株ファンドを買収した。「アメリカ成長株ファンド」という名前が、その大きな魅力であった。ファンドの資産はわずか三〇万ドルだったが、対価は三万ドルの五年もの無利息債券だけでよかった。小規模なファンドなので毎年の経費は八%にものぼり、運用成績を上げるのは困難に思えた。しかし買収後、資産の増加にともなって経費率も低下し、ファンド運営は軌道に乗っていった。

その一年半後、グリニッジ・マネジメントは第二のファンド、アメリカ・インカム・ファンドを立ち上げる。これもキャピタルの堅実な運用とは一線を画することを狙いとしていた。ファンドマネジャーにとっては、投資成果の二〇%を獲得できるという魅力があった。こうした成果主義の運用報酬も刺激になって、グリニッジ・マネジメントの超強気の成長株投資戦略は凄まじい成績をあげた。なんと一九七〇年、七一年と立て続けに全米トップテンの成長株ファンドにランクインしたのである。

しかし、そこまでだった。一九七三年になって流れが変わった。グリニッジ・マネジメントは、社内の優秀な若者に起業の夢を実現させる試みであったと言えるかもしれないが、結果は悪夢に終わったのだ。相場低迷とともに小型成長株は総崩れとなり、ファンドの時価は下がり続けた。そして一九七四年末には親会社に吸収されることになる。

当時を振り返って、シャナハンは言う。「リスキーだということは承知の上だった。相場も結構高いところにあったけれど、キャピタルには積極型の成長株ファンドがなかったから、チャレンジさせてみたかったのだ」。有能なスタッフが強い信念を持って新事業を提案する時には、やらせてみようというのがキャピタルの伝統だった。ジョン・ラブラス自身がそうだったからだ。シャナハンは続ける。「ジョンも、最初からグリニッジ・マネジメントが成功するとは思っていなかったようだ。ただ、別の名前で東海岸

（2）キャピタルはグリニッジ・マネジメントの七〇％の株式を保有した。

でスタートするなら、ロスのキャピタルには大した影響はないだろうというので、みんなの意見を受け入れたのだと思う」

「後になって、グリニッジの問題は実は我々自身の問題だと思うようになった」。ジム・ローテンバーグは言う。「我々が承認したのだから、みんなの会社というわけだ。ジョナサン以来の南カリフォルニアの家族的な雰囲気は健在だった。タイミングと市場環境が、グリニッジの手法に合わなかっただけだ。アメリカ成長株ファンドがキャピタルに吸収された時の資産は一五〇〇万ドルに過ぎなかったが、それが前世紀末には三〇〇億ドルを超え、全米ベストテンの株式投信にまで成長を遂げたのである」

グリニッジ・マネジメントのほかにも、グループ内のアメリカン・ファンド販売会社（AFD）の買収、キャピタル・ガーディアン・トラスト設立に関わる出資など、いくつかの案件が積極的に進められた。その中には失敗例もある。たとえば、海外投資ファンドの一つ、ジュネーブのキャピタル・インターナショナル・ファンドがそれだ。同ファンドの残高は一時五〇〇〇万ドルまで落ち込み、ジョン・ラブラスの意向でさらに数年、赤字のまま持ちこたえたものの、結局一九七二年に、運用会社であるキャピタル・インターナショナル社の株式の五〇％をチェース・マンハッタンのグループ企業に売却している。

さらに特筆すべき投資事業に、ベンチャーキャピタルがある。厳密にはグループの子会社ではないが、キャピタルの仲間による画期的な成果であった。

鉄鋼とテクノロジーを担当していたマイク・シャナハンは、テクノロジー担当のアナリストとしてジム・マーティンを採用した。彼は当時、半導体の草分け的存在であるフェアチャイルドでセールスマンをしていた。二人は新しい技術の発展について議論を深めるなかで、ベンチャーキャピタル投資が今後有望だという意見で一致した。小規模のハイテク企業に投資して得られる「知的資本」は、上場大企業を分析する際にも十分使えると考えたからだ。

キャピタルのベンチャー投資は一九七一年にスタートした。その牽引役はドン・バレンタインだった。ビル・ニュートンはパロ・アルトで夕食をとりながら、バレンタインを面接したが、能力、経験、識見は言うまでもなく、ベンチャーキャピタルに対する卓越したビジョンにも心を打たれた。「ベンチャーキャピタルを始める時は、この男が必要だ」と密かに決めていた(3)。そのバレンタインとマーティンに、シャナハンを加えた三人は、長い長い時間をかけて事業提案書を用意した。取締役会を通すために万全を期したもので、説明役はニュートンだった。「もちろん、キャピタルにとってどんな意義があるのか、細心の準備をして説明した」と振り返る。

ニュートンの説明はうまくいっていた。ところが突然、チャック・シンプが反対した。「私の目の黒いうちは、ベンチャーキャピタルなど絶対に認めない」と言い放ったのだ。

強硬な反対だった。ジョン・ラブラス自身、ファンドマネジャーやアナリストのエネルギーが分散される恐れや、キャピタルの投資家にとってのリスク上の懸念を表明していた。ベンチャー投資という、画期的な技術を持った新事業に投資しようというコンセプトは、上場大企業を徹底的に分析して投資するというキャピタルの文化とまったく相容れないものに見えた。(4) また、ベンチャーキャピタル関係者の報酬体系や水準、決定方式がキャピタルとは大きく異なることも指摘された。

これでベンチャーキャピタル事業を始める可能性は完全に閉ざされた、という絶望感に打ちひしがれながら、ニュートンは取締役会を後にした。ところが自分のオフィスに戻ってくると、ジョナサン・ラブラスからの電話が鳴っていた。「あきらめるな。チャックは用心深すぎるんだ。時々、ああいう言い方をするが、本心はそれほどでもない。もう少し時間をかけてみよう」。このプロジェクトを進めるためには、チャックの懸念を十分払拭できるだけの解決策を示さなければならないということだった。

数カ月後、この問題は再び取締役会にかけられた。この間、ジョナサンは、問題点を徹底的に洗い出し、民主的に議論することを強調した。実はジョナサン自身、ポケットマネーで二件のベンチャー投資を行っていたのだ。

取締役会の意見は真っ二つに割れた。シンプは依然として猛反対だった。ジョン・ラプラスも、アナリストやファンドマネジャーのエネルギーが分散する懸念を払拭できず棄権した。結局、顧客資金を使ったベンチャーキャピタルへの進出は認められなかった。もしやる場合には、セコイヤという別会社を通じて自己資金で投資することになった。それならキャピタルとしても、ある程度出資してもいいのではないかという含みを持たせた。

（3）ジム・マーティンの姿を社内で見かけることはほとんどなかった。シリコンバレーに驚くほど顔が広く、いつも彼らと会っていたからだ。アナリストとして特別優秀というわけではなかったが、とにかくテクノロジーには強かった。投資家に何百万ドルというリターンをもたらしたマーティンに言わせると、「シリコンバレーはジャングルで、あの連中は猛獣なんだ」

（4）この時期、ハーバード・ビジネス・スクールの教授が運営する代表的なベンチャーキャピタルでも、偶然の要素が強かったデジタル・イクイップメントを除くと、長期的な運用成績はＳ＆Ｐ５００に及ばなかった。

外部の資金を集める前に、当然ながら、まずシャナハンやニュートンが相当額を出資すべきだという話になった。しかし、これは難問だった。まだ当時のキャピタルの社員は必ずしも高給ではなく、何しろ相場も最悪の状態だったからだ。そこでジョナサンがまとまった資金を拠出し、シャナハン、マーティン、ニュートンが合わせて一万五〇〇〇ドル、さらにジョナサンの意向で会社の援助が加わり、何とか一〇〇〇万ドルという最低限のファンドが成立した。

初期の投資は難航した。第一号は失敗、次も元本を回収したにとどまった。しかし、三つめの投資が、アドバンスト・マイクロ・デバイスに成長するというホームランとなった。その後、ドン・バレンタインが投資の責任者となり、キャピタルをゼネラルパートナーとして、社名もセコイヤ・キャピタルと変更した。

セコイヤの当初計画には、キャピタル・ガーディアン・トラストの年金顧客への販売も含まれていた。しかし、一九七〇年代初めにはベンチャー投資は適格なものとは見なされておらず、年金からはまったく相手にされなかった。

そのうえ、当時のキャピタル・ガーディアンの会長はシンプだった。顧客への売り込みなど認めるはずもなかった。ニュートンやシャナハンの強固な後押しはあっても、彼らには巨大年金とのコネがなく営業的には役に立たなかった。フォード財団からわずか三〇〇万ドルの投資を得ただけだった。

そこに現れた救いの神がボブ・カービィだ。バレンタインを主要な年金基金に紹介してくれたばかりでなく、年金分野における営業セールスのやり方も教えてくれた。年金市場では何ごとによらず時間がかかるのが常識である。彼らの共同作業が実を結ぶのに手間取っている間に、フォード財団はファンド総額の六割という自らの投資比率の高さを懸念し、解約の検討を始めていた。その時、またまた幸運が重なった。GE年金の三〇〇万ドルをはじめ、アルコア、アームコなどの大型年金、イェール大学基金などが投資を決め、結局、フォードの資金もそのまま維持されることになったのだ。[5]

三〇年後、バレンタインはこう述懐した。「ボブの紹介と、年金ビジネスへ食い込むための助言がなければ、今日のセコイヤ・キャピタルはなかった。シスコやヤフーをはじめ、何百というベンチャービジネスも世に現れなかっただろう」。セコイヤは今や全米最大、最高のベンチャーキャピタルにまで発展した。新規ファンドに応募する投資家

(5) キャピタルとセコイヤの関係は良好で、全体として数億ドルの果実を生み出した。両社は利益相反には特に留意し、セコイヤが投資する証券に対しては社員個人の投資を禁止した。

は、いつも希望額の何分の一しか割り当ててもらえないほどの人気ファンドとなった。

個人的にファンドに投資したキャピタルの社員も、十分その恩恵を受けた。ただ、当初期待されたような、本業の投資活動への効果はあまり見られない。シャナハンは言う。

「ベンチャー投資は、上場企業への投資とはまったく違う。キャピタルの仕事は、投資家との長期的な関係を発展させながら手数料をもらうものだが、ベンチャー投資は個別のディールそのものだ。ベンチャーの経験は本業とはほとんど関係がなかった」

第9章　年金運用への挑戦

――キャピタル・ガーディアン・トラストの設立

カーレースの大事故で一命をとりとめた男が、キャピタル・ガーディアン・トラスト設立をリードすることになるとは、当の本人を含め誰も夢にも思わなかっただろう。そのボブ・カービィが言う。「ハーバード・ビジネス・スクールを卒業して、後にスカダーのロサンゼルス・オフィスとなるウイルス・クリスティという運用会社に就職した。スポーツカーに夢中だった私は、一九六五年のある日、大事故をやらかし、肋骨を八本も折って入院する羽目になった。そのため、一カ月間仕事を代わってほしいとオフィスに電話を入れると、仕事とカーレースのどっちを取るんだ、と言われた。即座に会社を辞めようと思った。実はオクシデンタル生命から誘いを受けていたしね」

カービィは旧知のビル・ニュートンに電話で相談した。ニュートンが以前オクシデンタルにいたことがあるからだ。「スカダーを辞めるって？　ちょっと待て。キャピタルに来たらどうだ」。ちょうどその頃、キャピタルは富裕層向けの資産運用業務を立ち上げるために、信託会社の設立を真剣に検討しているところだった[1]。それをきっかけに、間もなくカービィはキャピタルに入社し、富裕層や病院・大学などの信託財団を対象とする業務立ち上げに没頭することになった。

「一九六〇年以前は、機関投資家向け『資産運用業』なるものは存在しなかった」とカービィ。「大銀行は資産を預かるだけで、S&P500といった市場インデックスに勝とうなんて気はさらさらなかった」。当時の銀行による信託業務とは、何よりも受託した資産の名目価値を維持することが第一で、リターンがそこそこあれば、あとは受益者を上手に管理するのが仕事だった。運用のプロとして期待されていたわけではなかった。したがって年金信託も、大銀行にとっては個人信託と何ら変わるところなく、簡単な業務と考えられていた。むしろ、非課税で長期、しかも個人のように厄介な問題に巻き込まれる恐れが少ない分だけ、楽だと思われた。年金数理上の期待利回り[2]は低めに設定されていたから、ファンドマネジャーの仕事と言えば、その利回り以上の長期債を買うことで足りたのだ。

しかし、その環境にも変化の兆しが出てきた。ようやく「投資のパフォーマンス」が話題になり、メリルリンチとA・G・ベッカーが運用評価サービスを始めた矢先だった。その結果、大銀行や保険会社の運用成績のひどさが明らかになってきた。その理由は二つある。第一に、大手金融機関が扱っていた年金基金資産の七五%は債券に向かっていたことだ。債券相場は一九五〇年代からの持続的な金利上昇(3)のあおりを受けて、一貫して下がり続けていたのだ。第二に、銀行信託部が投資していた株式は大型高配当株が中心で、成長株はほとんど含まれていなかったことだ。このように銀行信託部の運用成績

(1) ボブと同様、スカダーからキャピタルへ転職したスチュアート・マクラレンが、この計画のチームリーダーだった。マクラレンによると、当時の信託業務の問題点はこうだった。富裕層の大口顧客はほとんどが高齢で、亡くなると多くの場合、弁護士の助言に基づいて相続財産は一括して銀行信託部に委託された(弁護士はその銀行から法律業務を委嘱されていることが多かった)。そして相続人は、それまでの資産運用についてほとんど何も知らないため、一度銀行信託部に預けられた資金の運用委託先を変えることは、ほぼ不可能に近かった。

(2) 企業年金では将来の年金給付に備えて、今後の給与の上昇やインフレ率、投資利回りなどに一定の前提を置いて、毎年の掛け金を決定する仕組みになっている。

(3) 一九五二年、財務省とFRBは国債管理政策上、国債金利の人為的な抑制をしないことで合意し、以後長期金利は上昇トレンドに入った。

が不振を極める一方、インベストメント・カンパニー・オブ・アメリカ（ＩＣＡ）・ファンドのような投資信託は優れた結果を残していた。

企業側も年金問題に注目するようになっていた。当初は福利厚生の一部にすぎなかった年金の運用資産が、企業の自己資本に匹敵する規模にまで成長してきたからだ。ところが、企業年金が運用不振に陥ると、その不足額を企業が穴埋めせざるをえなくなり、企業収益の足を引っ張るという問題が発生してきた。企業経営者から見ても、年金運用利回りの改善が喫緊の課題となってきたのである。

『運用パフォーマンス』なんてものに皆が関心を持つようになったのは、ジャック・ドレイファスのせいだ」とカービィは言う。「たしか一九六〇年代の終わり頃、レキシントン・アベニューの地下鉄の出口に、ドレイファス社のシンボルである、ライオンが吼える大きなポスターが張り出された。いかにドレイファスのパフォーマンスが優れているか、キャンペーンを打ち始めたんだ」。こうして年金基金の運用成績への関心が高まるにつれて、ＩＣＡが注目されるのも時間の問題だった。

「一九六五年に突然、道が開けた」とカービィは振り返る。「幸運は大手食品メーカーのゼネラル・ミルズからやってきた」。折しもゼネラル・ミルズは、年金の位置づけをコストセンターからプロフィットセンターへと変えたところだった。年金の運用利回りが向上すれば、会社の拠出額の削減を通じて収益改善に結びつく、と考えたのだ。同社の最高財務責任者（CFO）であるポークは取締役会の承認を得て、年金資産運用の抜本的改革に取り組むことになり、最高の実績を持つ運用会社を探していたのである。そこで目に留まったのが、キャピタルの投資信託の優れた長期運用実績だった。[4] そして、キャピタル・ガーディアン設立に先立つ数年前の一九六五年末、彼らはカービィが機関投資家向けに運用組織作りを進めていることを知り、年金運用を委託したいと伝えてきたのだ。

優れた運用会社で一流のファンドマネジャーとして活躍し、機関投資家向け業務の何たるかも知り抜いていたカービィは、今度は自分自身でこの仕事を立ち上げたいという

（4）ゼネラル・ミルズの運用会社選定チームのリーダー、ヘンリー・ポーターは次のように述べている。「我々は企業年金に対し、掛け金を積み立てて年金を支払うという、従来の考え方を改めた。年金資産を運用してより高いリターンが得られれば、それだけ企業の負担が減って利益が増えるからだ。ただ、当時の委託先のバンカーズ・トラストには、リターンを向上させるスタッフも組織もないと考え、優れたマネジャーを探すことになった。当時はキャピタルのほか、ステート・ストリート、ドナルドソン・ラフキン・ジェンレットなどが候補にあがった」

意欲に駆られていた。同じ運用をするにしても、老齢の個人投資家の場合だと、課税や受益者への配慮、個人的な好みによる注文など、いろいろ面倒なことが多い。それに対し年金は、非課税で結果がすべての世界である。しかも個人の資産は徐々に減っていき、遅かれ早かれ解約になるのに対し、年金資産はほとんど半永久的に成長を続ける可能性がある。したがって、年金運用も、キャピタル・ガーディアンにとっては大事な成長分野の一つと見ていたのである。

キャピタル・ガーディアンは前途洋々に見えた。しかし、キャピタル社内の障害は多かった。アメリカン・ファンドへの影響を恐れる声が強く、その結果、キャピタル・ガーディアンの事業対象は大規模ファンドに限定された。投信の社外取締役たちは、ファンドマネジャーやアナリストを移籍させないよう強く主張したが、実際はその必要はなかった。というのも、キャピタルのファンドマネジャーは、自分の担当する運用資産額に応じて報酬が決まっており、現在の高給を捨てて、先行きのはっきりしない新分野に移る気などまったくなかったからだ。何しろ年金運用の仕事は、新規顧客獲得のために国中を駆け回らなければならない。また、顧客を獲得すれば三カ月に一回、運用状況の説明にも出かける必要がある。結局、キャピタル・ガーディアンは、主要な幹部スタッフを社外に求めなければならなかった。

「投信と比べて、年金受託資産の伸びは驚異的だった」。ローテンバーグは振り返る。「年金資金は雪崩を打ってトラストに流れ込み、業務の様相は一変した」。年金受託資産の拡大とともに、資産額にリンクしたキャピタル・ガーディアンのスタッフの報酬も激増した。こうした状況を目の当たりにして、キャピタル本社で投信を担当するシニアファンドマネジャーの間から懸念が高まり、結局、報酬と資産額とのリンクは絶たれることになった。しかしながら、キャピタルではしばらくの間、機関投資家向け業務が投信業務を上回る時期が続き、社内外での彼らの地位は飛躍的に高まった。

機関投資家事業の拡大は社内にも波紋を広げた。もはやキャピタルは、効率的に経営できないほど巨大化してしまったのではないか、と危惧する声すらあがった。一部事業を完全に分離してはどうかという意見も出た。特に急成長の機関投資家部門で、分離独立の意見が強く出ていた。しかしキャピタルの大株主にしてみれば、成長分野を手放し、低成長の投信に専念する戦略は考えられず、分離論は退けられた。ちなみにこの二五年間、キャピタル・ガーディアンは着実に成長を続けたにもかかわらず、その時「低成長」と見られた投信部門もそれ以上の成長を遂げ、現在では機関投資家ビジネスを五割も上回る規模に達している。

機関投資家ビジネスを拡大するために、キャピタル・ガーディアンは大々的な営業推進キャンペーンを展開した。その指揮を執ったのはジム・フラートンである。何よりもキャピタルが運用のプロであることを前面に打ち出し、銀行信託部の資産管理業務との違いを印象づけた。そして、誇るべきICAの長期運用実績を紹介した。もちろん、過去の実績が将来の成績を保証するものではないとしながらも、キャピタルの一貫した運用哲学、優れた投資調査、それらを支える人材という、三つの条件があって初めて実現したものであることを強調した。企業年金や財団などから見れば、キャピタルこそ理想の運用機関というわけだった。

企業年金から少し遅れて、公務員年金の関心も高まってきた。それまで公務員年金と言えば、運用はもっぱら債券で、手数料も極めて低かった。しかし、ここにも変化の波が押し寄せていた。一九六〇年代半ばには、カリフォルニア州内の年金は二五％まで株式に投資できるようになった。そこでロサンゼルス郡は、直ちに職員年金を運用するマネジャーの募集広告を新聞に掲載した。しかし、キャピタルは動かない。郡当局の財務責任者のハロルド・オストレーは、ボブ・カービィとは旧知の間柄だった。「みんな応募しているのに、お前のところはいったい、どうなっているんだ?」。「連中は大口の看板ほしさにタダ働きするつもりなんだろう。お宅の手数料は安すぎるよ。ダンピングをしない我々には、手が届かないから降りたのさ」

一カ月後、二人はメリルリンチのセミナーでも顔を合わせた。キャピタルはまだロサンゼルス郡の年金運用に手を挙げていなかった。キャピタルに未練を感じたオストレーは、「見せたいものがある。明日の午前中にオフィスに来てくれ」とカービィに伝えた。

翌日、フラートン、ジョン・ラブラスと一緒に出向くと、広い部屋の隅にロサンゼルス郡、カリフォルニア州、そしてアメリカ合衆国の三本の旗が立っていた。「この合衆国の旗をどう思う?」と尋ねられてカービィは思わず、「何だこりゃ、赤、白……、それに紫じゃないか(5)」

「競争入札なんだよ」。オストレーはにっこり笑って、「ぜひウチの運用に応募してもらいたい」。ということで、やむを得ずキャピタルは〇・二五%の手数料率で応募を決めた。他社と比べればはるかに高かったはずだ。郡職員年金の信託委員会のメンバーはほとんどが地元の教師、消防士、警察官などで占められ、運用の実務はおろか手数料に

(5) もともとの青い色が長い年月を経て紫になった。

ついても知識がなかった。どのマネジャーに決めるかという議論の最終段階で、手数料問題が出てきた時、オストレーはメンバーに対し、「各社の手数料を詳細に検討した結果、すべて〇・二五％の範囲内に収まることがわかりました。ですから、手数料の問題は無視されてもかまいません」

かくして、キャピタルにとっては致命的と思われていた手数料問題が消え、巨大な運用資産が舞い込んでくることになった。最初はわずか一〇〇〇万ドルだったが、これは毎月の入金額で、すぐに受託資産は一億ドルを超えた。続いてオレゴン州職員年金の四〇〇〇万ドルが、割引なしの手数料で決まった。こうしてキャピタルは公務員年金の分野でも力強いスタートを切ることができた。

機関投資家部門の実績がなかったキャピタルは、新規顧客開拓のプレゼンテーション用に、「二〇人のプロフェッショナル」と題するスライドを用意した。キャピタルが誇れるものは人材しかなく、それを前面に打ち出したのだ。二〇人のプロ一人ひとりの実績を紹介した、非常に印象的なものであった。

フラートンとカービィは、このプレゼンテーションを持って、全米の主要年金を片っ端から回った。巨大化学会社モンサントでは、後にカービィが話してくれた「四〇〇〇万ドル損したジョーク」という苦笑いもあった。三つ揃いのダークスーツで出てきた相手の財務責任者は、とても生真面目そうに見えたのだから、もっと注意すべきだったのだ。プレゼンテーションがカービィのところまできた時、フラートンは、ファンドマネジャーとしての高い運用能力、優れた実績を熱っぽく説明した後、カービィの個人的な魅力にまで触れて、カーレーサーとしても一流だと、つい口を滑らせてしまったのだ。モンサントの責任者は眉をひそめ、「カーレースは危険な趣味だ。カービィが当社の運用を担当していて、事故を起こしたらどうするんだ?」と尋ねた。次のスライドがビル・ニュートンの紹介であることを知っていたカービィは、ニコニコしながらビルの写真に移り、「その場合はこの男が担当します」。そして彼はジョークをどうしても抑えることができなかった。「ビルもカーレーサーなんですがね」。これで四〇〇〇万ドルをフイにしたわけだ。

ゼネラル・ミルズの大口契約をきっかけに、他の大企業もキャピタル・ガーディアンに注目するようになった。カービィが振り返って言う。「巨大な年金資金が滝のように流れ込んできた。あまりに急激だったので、ベティー・クロッカー・トラスト[6]と社名変更しようと言い出す者もいた。インスティテューショナル・インベスター誌がゼネラル・ミルズの特集記事を出した後は、特に新規契約が増え続けた。『ゼネラル・ミルズに続け！』ってわけさ。受託額はゼロから一五億ドルまでロケット上昇した」

なかには相手のほうから運用を依頼してくるケースさえ出てきた。ある日、ベイリーのオフィスに、マサチューセッツ州にある全寮制の有名校、フィリップス・アカデミー学園から電話がかかってきた。

「当学園の財務委員会が本日開かれ、基金の三分の一の運用をお宅に任せてはどうか、ということになりました」

「ありがとうございます。事情をお聞かせ下さい」

学園側は背景を説明した後、「お宅への委託金額は一二〇〇万ドルとなります」

それを聞いてベイリーは、「まことに申し訳ありませんが、お引き受けできません。私どもは最低二〇〇〇万ドルから運用しています」

電話の主は驚きを隠せず、しばらく言葉に詰まった後、いささか勿体ぶって、「最初に、マサチューセッツのフィリップス・アカデミーと申し上げたはずですが、お耳に入りませんでしたか？　私はマサチューセッツの……、フィリップス・アカデミーの……、財務委員会委員長として、お宅を採用したいと電話しているのですが」

「はい、こちらはクリーブランド・ユニオン・ハイスクールのネッド・ベイリーですが、お宅は我々の最低二〇〇〇万ドルという条件を満たしていません」

「……」

「信じられないような大成功だった」。カービィは言う。「第一次大戦に初めて参戦して、いきなり戦線を押し返した戦闘機のパイロットのような気分だった。何もないところからスタートし、大銀行のシェアをどんどん奪っていった。こんな達成感はそうそう味わえるもんじゃない」(7)。富裕層相手の仕事ではありえない大成功だった。

当時、年金側も積極策に出て成功したと考えていたようだ。ゼネラル・ミルズも浮かれた気分に包まれていた。一九六八年から七二年にかけての運用成績は文句なしだった。資産額はなんと五割以上も増加したのだ。同社取締役会はこの機をとらえ、二つの新政策を打ち出した。第一に、年金への企業拠出が不要になり停止した。その結果、一株当

(6) ベティー・クロッカーとは、ゼネラル・ミルズ社のケーキ用小麦粉のブランド名。当時の人気商品であった。

(7) アダム・スミスの『マネー・ゲーム』(一九七六年)に華麗なる成功物語として紹介されている。

たり利益が劇的に増加することになった。第二に、その資金の一部を使って全従業員にも利益還元したため、士気はいっそう高まることになった。

「あの頃は、狂ってるとしか言いようがなかった」と、悔恨を込めてカービィは振り返る。「とにかく資産を取り込むのに夢中だった。『こちらワールプール』『アームコ・スチールですが』『メルクです』……次から次へと、ピカピカの企業年金から巨額の運用依頼が舞い込んでくるんだ。いったい、誰が断れる？　『ノー』とは言えなかったさ。〝行け行けどんどん〟だった」

この間、キャピタル・ガーディアンのファンドマネジャーたちは顧客のポートフォリオを運用している暇はなかった。なんと、大手企業年金へのプレゼンテーションに彼らも駆けずり回っていたのだ。

こうして新たな顧客資産が急速に積み上がるのと裏腹に、キャピタル・ガーディアンは静かに崩れ始めた。いくつかの要因が重なった。まず、多くのファンドマネジャーは、キャピタルに入社して日が浅く、お互い気心も知らない状態だった。一人ひとりがばらばらに運用していただけでなく、さらに悪いことに、キャピタルの基本的な強みである社内リサーチからも切り離されていた。このため、スターリング・ホメックスやモホーク・データ・システムといった、証券会社の推奨するハイリスク銘柄をどんどん組み入れてしまった。積極的にリスクを取ることで高いリターンを目指したのだが、彼らには幸運と運用能力の違いもわからなかった。むしろキャピタル・ガーディアンのファンドマネジャーは、自らトラブルの種を蒔いていたとすら言える。そして相場が下落に転じると、そのトラブルが一斉に芽を吹き出してきた。

その最たるものは、不完全な複数ファンドマネジャー・システムである。投信業務では、周到なコミュニケーションに基づく運用計画と、きめ細かいポートフォリオ管理によって、優れた効果をあげていた。そうした準備がなければ、この仕組みはまったく機能しないのだ。ところが、キャピタル・ガーディアンでは一つの口座に二人のマネジャーを指名して、二人のポートフォリオを単に足し合わせるだけだった。運用スタイルはまったく無関係、そして二人の間にはコミュニケーションも調整も存在していなかった。顧客ポートフォリオ全体としての運用の一貫性もなければ、統制された運用プロセスも、運用スタイルも何もなかったのだ。顧客間の運用成果もまた、説明できないほどにばらついていた。

最悪だったのは年金顧客への運用報告だった。ある時、カービィはポートフォリオの四〇％を担当し、フルに株式に投資していた顧客を訪れることになった。ところが、その時になって初めて、ポートフォリオの現金比率が三〇％に積み上がっていることがわかった。残りの六〇％を担当する相棒が、暴落を恐れて半分を現金のまま持っていたからだ。

「派手な成長株に全額つぎ込む者もいれば、この世の終わりとばかりに怯えて、全額キャッシュにしてしまった者もいた。とにかく、我々は考えられる限りのあらゆる間違いを犯した。一九七〇～七四年の相場下落で、成績は惨憺たるものだった」。なかでも、一九七三～七四年はひどかった。七四年の半ばに、ＩＴＴは機関投資家向け説明会のために二週間のヨーロッパ・ツアーを組んだが、それに参加したカービィは、「その間、日程が忙しくて市況を見ている暇がなかった。帰国して、ポートフォリオの中身を見て愕然とした。ほとんどの株が出張中に半値になっていたのだ」

キャピタル・ガーディアンはまさしく崩壊の危機に瀕していた。一九七三～七四年の暴落の影響もあったが、重大なのは顧客の解約だった。一五億ドルあった受託資産は、一気に六億ドルまで激減した。自ら招いたものとはいえ、深刻な経営問題に直面したのである。

ゼネラル・ミルズのような主要顧客にとっても、問題は同様に深刻だった。一九七二年を境に潮の流れが変わった。変化の度合いではなく、方向そのものが変わったのだ。相場は暴落し、先行きも悲観的だった。年金数理人から突然、巨額の拠出を迫られたゼネラル・ミルズは大きなショックを受けた。同社の長年の伝統であった、安定的で緩やかな増益トレンドは、あっという間に瓦解した。これまでゼネラル・ミルズが買収・合併を通じて成長路線を維持できたのも、投資家の信頼に裏づけられた相対的に高めのPERがあればこそであった。それが無惨にも崩れてしまったのだ。度重なる株価暴落に懲りて、ゼネラル・ミルズの取締役会は年金基金への株式組み入れをゼロにすることを決め、トラブルを抱えたキャピタル・ガーディアンを含め、株式を主体とするすべての運用会社との契約を打ち切った。

フォード財団の場合は、特に厳しいものだった。フォードは運用会社の定例報告会では、評価を下す時に必ずスライドを用いた。ボブ・ホワイトという財務部副部長はことさら冷静さを装い、運用実績の評価を伝えた後に、総合点をスライドで四段階で示した。優秀、良好、許容範囲、不満足の四つである。キャピタル・ガーディアンの過去二年間の運用実績が詳細に分析され、スライドには「不満足」と映し出される。次いで、過去一年も「不満足」、過去六カ月「不満足」、過去三カ月「不満足」と続いた。シャナハンはカービィに小声で、「解約間違いなしだ。なぜロスに電話してこなかったのだろう?」

「しかし、解約されなかった」とカービィ。「キャピタルにとっては、フォードは古くからの最も頼りになる馴染みの客だからね。でもショックのあまり、デトロイトで飛行機に乗ってからすぐ飲み始め、ロサンゼルスに着いた時はふらふらだった。自分で車を運転するのをやめて、タクシーで家に帰ったくらいだ」

「当時の私は、もう運命論者だった」と、カービィは首を振りながら言う。「解約にも驚かなくなった。毎日機械的に家とオフィスを往復し、時々顧客に別れの挨拶を言うために、飛行機に乗るくらいになっていった」

最悪期は一九七三年六月に訪れた。(8) その時、ケタリング財団の運用成績は、わずか一八カ月の間になんと市場平均を三二％も下回っていた。これほどひどい成績だと、解約すれば莫大な実損が出てしまうため、顧客のほとんどはもう少し様子を見ようということになる。「しばらく運用させて、何とか戻りを期待しよう」というしか手はないのだ。

キャピタル・ガーディアンの経営不振の根は、そう単純なものではなかった。成長株相場の中で見捨てられた割安株にこだわり続けたことや、ファンドマネジャーが社内リサーチを無視して証券会社の推奨株に乗ったことだけが原因ではない。相場の流れが運用哲学やスタイルと合わず厳しい時期が続いたとしても、それは一時的なものにすぎない。問題の本質は、むしろ人と組織の構造的なものだった。(9) 抜本改革の必要性を痛感していたボブ・カービィとハワード・ショーは、休暇中のジョン・ラブラスを尋ねて、マイク・シャナハンの起用を申し入れて了解を得た。かくしてシャナハンがトラストの会長に就任することになった。

調査部長の仕事をデヴィッド・フィッシャーに譲って、シャナハンはキャピタル・ガ

(8) この月、キャピタルは一〇件解約され、六件の新規契約を結んでいる。「いずれも割安株戦略のおかげだ」とマイク・シャナハンは言う。

(9) キャピタルの社員同士が運用文化を共有し、理解を深め合っていたということは、裏を返せば、中途採用のスタッフには壁があったということでもある。たとえばビル・ハートは次のように述べている。「私は二八年間キャピタルで働いたが、それでもどこかよそ者という感じを拭いきれなかった。ディーン・ウィッターで営業のヘッドをやっていたせいかもしれない。キャピタルではできるだけ客観的に将来を見ることに専念していたが、ディーン・ウィッターのような証券会社では、結局、顧客に株を買わせるのが最優先だ。ニューヨークとロスに秘書を置き、高級ハイヤーを乗り回し、一流レストランで接待する毎日だった。だからキャピタルのように、自分でコーヒーを入れ、数人に一人の秘書にタイプだけを頼み、昼食もオフィスでサンドイッチをほおばる生活に慣れるのは大変だった」

ーディアン・トラストに乗り込んだ。彼に求められたのはリーダーシップの確立だった。キャピタルでの経験が浅いうえ、投資信託とは収益性や競争条件、市場環境もまったく異なるビジネスで働く多様な人材を一つにまとめあげ、いかに導いていくかがその役目である。

シャナハンには自信があった。明晰な判断と強い意思、そして持ち前の粘り強さで、昔からジョン・ラブラスの深い信頼を得てきた。もしトラストのスタッフとの間で深刻な対立が起きても、自分には本社の強い支持があると考えていた。まずシャナハンが打ち出したのは、ファンドマネジャーに定期的な打ち合わせを義務づけることだった。派手な対策ではなかったが、その結果、彼らは運用のアイデアや情報を共有し、相談し合うようになっていく。シャナハンのリーダーシップのもとで、彼らはエクソン、デュポン、AT&Tといった大きく値下がりした優良株を組み入れていった。当時の極端に二極化した相場で、ほとんどの運用機関がゼロックス、エイボン、ポラロイドといった人気成長株に集中していたのと対照的だった。

やがてキャピタル・ガーディアンのポートフォリオは、キャピタル本社のアナリスト・グループの推薦する銘柄に傾斜していき、ウォール街の証券会社の推奨株からは離れていった。むやみに株を売買するのではなく、じっくり成長を待つ発想が強調された。

また、一人ひとりのファンドマネジャーの成績も定期的に評価されるようになった。シャナハンの明快な方針のもと、改革は順調に進んだ。しかしながら、問題の根本原因は明らかになっていなかった。なぜキャピタル・ガーディアンを本体の経営やリサーチ部門と完全に切り離したのか、なぜそんな意思決定ができたのか、どうしてここまで問題を放置したのか……。その解答は出ていなかった。あるのはただ、「こうした失敗は二度とやってはならない」という決意だけだった。

ある意味で、キャピタル・ガーディアンは「二極化相場」の試練を受けていた。カービィのところに取材に来たインスティテューショナル・インベスター誌の記者が、「いったい、これからどうするの？　このままじゃ倒産だろう」と言うと、「そうかもしれない。ただ、これだけははっきり言える。アメフトにたとえれば、エンド・ゾーンまで戻って、誰かパスを受け取ってくれ、と目をつぶって投げるような神頼みをするつもりはないということだ。遅かれ早かれ、二極化相場はそのうち終わる。その時、少しでも顧客が残っていれば、何とかなる」

そして、一九七四年のある日、ニューヨークのモービル石油から来てくれという電話が入った。シャナハンには何の用事か容易に察しがついた。「首にするなら、わざわざニューヨークまで呼び出す必要はないだろうに」。しかし行くほかなかった。モービルに出向くと、「運用成績は惨憺たるものだ。今後の方針をおうかがいしたい」と単刀直入に聞いてきた。シャナハンは運用方針を変える意思のないことを丁寧に説明したが、顧客の反応は意外だった。「オーケー、それを聞いて安心した」。モービルの契約は継続するという嬉しい誤算になった。

シャナハンは運用面の抜本改革にも乗り出した。何しろ形ばかりの複数マネジャー制である。それをしっかりしたプロセスの裏づけのあるものに変えていくには、金も時間もかかる。そのうえ、残高や入出金も異なる年金運用口座をばらばらにではなく、ある程度まとめて運用するのも容易ではない。「あの一、二年は本当にぐちゃぐちゃだった」とローテンバーグは言う。「マイク・シャナハンは、今もあの時の苦労が忘れられないようだ。トラストの煉獄に送られた、と始終ぼやいていた」

シャナハンの大改革が始まった頃から、キャピタルの主戦場である大型割安株にようやく陽がさしてきた。「あのニフティ・フィフティという二極化相場の中で、我々は長い間、荒地に立って虚しく叫び続けてきたようなものだ。しかし、その努力のかいあって、ようやくツキが回ってきた。特に一九七七年から七八年にかけて、キャピタル・ガーディアンの運用成績は市場平均を大きく上回り、弾みがついてきた」。顧客サービスを強化するために多くの人と金も投入された。二年に一度の「顧客向けリサーチセミナー」が始まったのも、この頃だ。

一九七〇年代の後半に入ると、キャピタル・ガーディアンは二重の意味で他社を圧倒した。第一に、相場は底を打ったにもかかわらず、多くの運用機関はまだまだ株式の組み入れを抑えていたのに対し、キャピタルは一貫して一〇〇％組み入れていた。その効果は絶大だった。第二に、主に保有していた割安株が市場平均以上に上昇した効果である。一九七七年には業界トップの新規顧客を獲得した。カービィは振り返る。「これほどはっきり株式が債券より割安になったのは久しぶりだった。今後数年間、株式相場は強いと確信していた。他の連中がこぞって債券を買っていたのも、株の大底が近いことを教えてくれた」

「我々の定義する株式価値とは、株式というよりは、会社そのものを買う立場で考えようというものだ。たとえば、二年前にはＰＥＲ四〇倍以上だったハリバートンの株価が、一二〜一五％の増益基調は変わらないのに、突然ＰＥＲ一〇倍の水準まで下がった。これは本当にお買い得だった。結局のところ、気の利いたマネジャーなら皆そうするはずなのだ。要は、成長する企業に投資しようということだ」

「先に述べたケタリング財団の場合では、一年半で三二％も市場平均に負けたわけだが、これも二年半で挽回することができた」

こうしてグループ内のリサーチ活動の積極活用と、顧客サービス向上への不断の努力が実り、キャピタル・ガーディアンの一九七〇年代末における契約資産額は七〇億ドルに達した。投信業務を五割近く上回るまでに回復、成長したのである。

しかしながら最近では、こうした卓越した運用実績と比較的低い手数料をもってしても、インデックスファンドの圧倒的攻勢の前に、キャピタル・ガーディアンも苦戦を強いられるようになってきた。巨額の株式ポートフォリオの運用で市場平均以上の実績をあげ続けるマネジャーはなかなか見出せない。そのため巨大年金は、徐々にパッシブ運用に軸足を移し始めたからだ。二一世紀になって、再びリサーチに基づく運用が成果をあげるようになるまで、キャピタル・ガーディアンの国内株式運用資産は減り続け、海外資産がこの落ち込みをカバーするという構図が続いた。

一方でキャピタル・ガーディアンは、年金や財団の上級幹部との信頼関係強化に全社をあげて取り組んだ。しかし、この方針が打ち出されるまでには相当の曲折があった。かつては顧客サービス強化はむしろ邪道と見なされていたからだ。一九七〇年代半ばにシャナハンが行った調査は、今でも語り草である。「ファンドマネジャーが運用の現場を離れて、顧客のために運用報告の説明に行くと、どれだけリターンが下がるかを試算してみた。すると、一回の訪問で年率〇・二五％のマイナスだった。顧客にこの数字を示して、何回来てほしいんだ、と尋ねたものさ」

こんなとんでもない状況からのスタートだった。業界でもかなり遅れた方だったが、それでも少しずつ、中身の濃いサービスを通じた信頼関係の形成が必要であることを認識するようになっていった。いかに運用実績が優れているかを知ってもらい、今後どのようにそれを継続していくのかを理解してもらうためにも、必要なサービスであった。

優秀な顧客担当の果たす役割は、ますます重要になっていった。巨大年金ともなると、キャピタル・ガーディアンでは通常の株式・債券に加え、ハイイールド債やエマージングマーケット向け投資など幅広い分野で運用する場合も出てくる。また多国籍企業の年金や、世界各地で運用を受託する例も増えてくる。特定の資産の運用に専念するファンドマネジャーでは、こうした顧客の取引関係の全体像を把握することは不可能に近い。しかし、優秀な顧客担当ならできる。年金を運営する本体企業の業績、年金の投資方針やガイドラインを含め、このような複数のポートフォリオの中身を十分に把握したうえで、運用実績やその背景などを顧客が納得いくまで説明する。こうした活動を積み重ねることで、徐々に顧客との深い信頼関係を築き上げていくのである。この方針転換も、キャピタルの改革の常として慎重に、しかし断固として進められた。それまで新規開拓に力を入れていたディック・バーカーとボブ・カービィの二人が旗振り役となった。最初は専任担当者一人でスタートしたが、次第に増員され、現在では二〇名以上の顧客担当スタッフを抱えている。

報酬体系の見直しも、この政策の推進に役立った。どんな場合でも、新戦略の展開に報酬体系が見合わないとスムーズにいかないものだ。その点ではキャピタルも例外ではなかった。それまで、アメリカ国内では新規顧客からの資金拡大があまりにも急だったため、どうしても既存客より新規開拓に目が向いていた。全社的に運用の売り込みを強化し、シェアを拡大する成長路線をとっていただけに、ボーナス体系も、既存客との関係強化よりは、新規契約の獲得にリンクするものだった。新規開拓に成功すれば、顧客から入る手数料の相当部分が二年間ボーナスとして支払われた。その比率はその後急落するものの、社員には魅力だった。そうした偏りを是正するため、ボーナス制度が見直されたのだ。新規開拓でもらうボーナスの比率を下げ、その代わり支給期間を延長した。そしてその比率は、顧客サービスの質、新規および既存客からの取引の獲得、他のスタッフへの協力・貢献度を加味して毎年見直された。

顧客関係強化を図る戦略として、顧客との会議も重視された。ディスカバリー・ミーティングと呼ばれるのもその一つだ。全顧客と主要見込み客とを相手に、顧客担当は、運用実績から運用報告などの関連サービス、事務管理面まで、あらゆる項目を一つ一つ取り上げ、同社の強みや問題点、さらに改善を期待される点などを徹底的に検討するのである。それが取引の拡大につながればもちろん最高だが、直接的には個別業務の改善を通じて信頼を深めるのが狙いだった。もう一つは、半年ごとに行われる、全顧客および重要な見込み客との会議だ。ここでは期初に立てられた計画がきちんと実行されているかどうか、とことん検証される。目標が達成できていなければ、担当する客の数を減らされることになる。

今ではキャピタル・ガーディアンは、アメリカの資産一〇〇億ドル以上の大手機関投資家の半数以上と取引関係があり、また運用機関の新規募集の場面では四割の確率で採用されている。この比率は海外では六割にも達している。

機関投資家向け運用と投資信託との最大の違いは、投資家との関係の深さである。個人投資家は、保有する投信のファンドマネジャーとの対話を期待もしないし、そういうこともほとんど起こらない。この点、機関投資家運用はまったく違う。機関投資家は窓口担当者とファンドマネジャーの双方に対し、幅の広いかつ内容の濃いサービスを期待し、実際それを受け取っている。

超一流の資産運用会社ともなると、極めて専門性の高い顧客担当チームを時間をかけて作り上げている。キャピタル・ガーディアンは当初、顧客サービスを軽視し、年金コンサルタントの役割に疑問を持つ時期があったが、今では業界でも有数の質の高い顧客サービスをするようになっている。

それでも他のライバルと同様、キャピタル・ガーディアンをめぐる競争環境はますます厳しくなってきている。この二〇〜三〇年の間に、アメリカでは上場株式取引に占める機関投資家の割合は一〇％からなんと九〇％という驚くべき水準にまで達している。そして上位五〇社の機関投資家が、ニューヨーク株式市場の売買の五〇％を占める。こうした機関投資家で成り立つ市場平均に打ち勝つことは難しく、ましてや大きく勝つのは至難の業だ。その結果、さまざまな形のパッシブ運用が幅を利かすようになり、アクティブマネジャーを脅かすことになった。キャピタルにもその脅威は及んでくる。

キャピタルにとっては、世界中の多様な資産に分散投資するという戦略的課題もある。その投資対象は、世界の主要国と途上国とを問わず、あらゆる市場における大型株・小型株、投資適格債および高利回りの政府債・民間債、プライベートエクイティ（ベンチャーを含む非上場株）を含む。しかも、こうした多種多様な運用商品を、競争条件や法規制、文化のまったく異なる世界各国の投資家に供給していかなければならないのである。このように高度に専門的で複雑な事業を成功させるためには、どのような運用体制を作り上げればよいのか。さらには、グループ全体としてどのような経営体制を作り上げるかが最大の課題となってきた。

第10章 国際分散投資の苦難と栄光(1)

「西海岸のバリュー・マネジャーが、何でまた外国株投資で損を出し続けなければならないのか?」。外国株に何の魅力も見出せなかった一九七〇年代半ばとしては、もっともな疑問だった。数百を超えるアメリカの運用機関の中でも、外国株に投資を続けていたのはテンプルトンとスカダーの二社にすぎず、その二社にしても見るべき成果をほとんどあげていなかった(2)。

(1) キャピタルのアナリストの四割はアメリカ以外で生まれている。こうした事実を踏まえ、同社では「国際」投資の代わりに「非アメリカ」投資、アメリカを含む国際分散投資を「グローバル投資」と定義するようになってきている。

その頃、キャピタルは、ジュネーブを舞台に二〇年近く続けてきた国際投資業務で、なお赤字を垂れ流していた。グループとしても最悪の時期にあたっていた。キャピタル・ガーディアンの機関投資家向け運用はどん底だったし、投信部門でも新規資金が二〇年来の落ち込みを見せ、赤字続きのアメリカン・ファンド販売からは営業スタッフが去りつつあった。誰もが運用ビジネスの前途を悲観していた。

「ファンドマネジャーのほとんどは外国株に反対していた。無理もない情勢だった」。のちに国際部門を率いることになるデヴィッド・フィッシャー(3)はそう振り返る。

キャピタルの国際分散投資の歴史は一九五〇年代半ばまで遡る。その当時は消極論のほうが優勢だった。業界全体でみてもこの分野はごくごく小さく、成功している運用機関は一つもなかった。投資家の関心はまったくなく、状況がよくなる気配すらなかった。

キャピタルにとっては、外国株に関する前向きの経験は何一つなかった。一九五二年にモートンが手がけた外国株ファンドも失敗していた。早くから外国株に関心を持っていたモートンは、まずラテンアメリカに狙いを定めた。一年かけて中南米の主要都市を回り、パンアメリカン・ファンド構想を打ち上げた。しかし、投資家からも販売会社からも手応えはまったくなく、結局、計画は空振りに終わったのだ。「今にして思えば、この時の失敗は幸運以外の何ものでもなかった」とモートンは笑う。ラテンアメリカ諸国はその後、長くて暗い独裁政治と不況の時代に突入したからだ。ラテンアメリカ向けの投資が花開くには、三〇年以上も早過ぎたのである。

そういう中でキャピタルの外国株投資は始まる。ジョナサン・ラブラスの承認を得て、コールマン・モートンがまず少人数の専門チームを立ち上げた。そして、その第一号と

(2) このほか、モルガン・ギャランティは一九七四年に、年金運用資産の株式の五%までを外国株に振り向けると発表している。比較的早くから外国株に関心を持っていたフィデリティとパトナムの投資も、継続的なものではなかった。この時期の外国株と言えば、主としてイギリスとオランダのことを指し、その他の欧州やアジア、ラテンアメリカなどは会計制度が不透明なため信頼されていなかった。

(3) パームスプリングスの下町育ちのフィッシャーは、ビジネススクールを卒業した後、GEに入社する。ジャック・ウェルチのもとで三年働き、その後スミス・バーニーに転じ、電機担当アナリストになる。その時の最初の顧客がキャピタルのマイク・シャナハンだった。これが縁でキャピタルに採用され、一九六九年から七二年まで電機担当アナリストとして働いた。そこで日立、ソニーといった日本の成長企業と出会い、これが外国株に目を開くきっかけとなった。それまでフィッシャーはメキシコ以外、海外へ行ったことはなかった。

なったのが、ICAファンドが一九五四年に投資したロイヤル・ダッチ・シェルだった。アメリカで外国株投資が一般化する三〇年以上も前のことだ。当時、アメリカでは深刻な資源不足を懸念するペイリー・レポートが出されたこともあって、それを意識したラブラスがモートンにゴーサインを出したのである。

ペイリー・レポートは投資家の間に国際資源株への関心を惹き起こした。これを見てモートンは一九六一年、いくつかの資源関連小型ファンドを統合した「国際資源株ファンド[4]」を買収し、外国株投資に乗り出した。

「国際資源株ファンド」の運用によって、キャピタルはアメリカにおける外国株投資の数少ない草分け的存在となった。しかし、その後モートンの強い提案で買収したカナダの資源株ファンドが、多数の小口投資家に保有されていることがわかり、管理上コストはかなり高くついた。この小規模で赤字続きの国際業務を、ジョン・ラブラスは長期にわたって一貫して支持し続けた。フィッシャーは今でも感謝の気持ちを込めて、「一九六〇年代前半を通じ、ジョンは我々と共に戦ってくれた」と語っている。

この国際部門の橋頭堡《きょうとうほ》、キャピタル・インターナショナル社を欧州に築いたのが、オランダ人のケン・マチソンガーストである。極めて独立心が強く、この仕事に情熱を注いでいた。ロイヤル・ダッチ・シェル勤務の父親の関係でインドネシアで生まれ育ち、メキシコにも住んだことがあるという経歴の持ち主だ。一九六二年春、アメリカ企業の海外活動を調査するとともに、競争相手の欧州企業の動向もつかむために、ジュネーブにオフィスを構えることが決まった。(5) 同時に、投信向けの有力外国株の発掘も期待され

(4) このファンドの運用で中心的役割を果たしたのは、石油株アナリスト出身のハリー・セガマンだ。彼は石油株から外国株アナリストへ転進し、海外の機関投資家としては初めて日本株に投資した。日本の保険会社が支払い準備を過大計上して利益を圧縮していることや、銀行株のPERは三倍、配当利回りが九%という魅力的な状態にあることを指摘した。セガマンはキャピタルを退社した後、外国株投資の世界ではジャパン・ファンド(プルデンシャル、ペインウェバー、日興証券の合弁会社)の責任者として一世を風靡した。その後、一九六九年にはフィデリティに移り、同社初の外国株ファンドであるフィデリティ・パシフィック・ファンドを立ち上げ、二〇〇一年まで同社副会長を務めた。

(5) 海外オフィスの設置場所としては、ロンドンはあまりに平凡であり、欧州でもない。ドイツとフランスはいずれかを選べば、もう一方から不満が出るとして退けられた。ケンはオランダ人であったがオランダは除かれ、ベルギーも、フランス語がそれほど得意でなかったので外された。結局、欧州の中心に位置するという理由でジュネーブが選ばれたのである。

ていた。というのも、六〇年代初めにはＩＣＡファンドはすでに一〇%以上の資金を外国株に振り向けていたからだ。この水準は当時の業界ではずば抜けており、キャピタルがこの分野に非常に早くから目を向けていたことをうかがわせる。

外国株投資をめぐるキャピタルの理論武装は相当なものであった。一九六二年初めと言えば、アメリカ株の上昇もあって、海外市場のＰＥＲは明らかにアメリカより低かった。したがって、キャピタルのような割安株志向の運用機関にとっては、外国株は特に魅力的に映っていた。さらに、多くのアメリカ企業が海外市場で利益をあげるようになってきており、[6]そのためキャピタルのアナリストは、アメリカ企業のグローバル市場における将来の競争力を測るうえでは、競争相手の外国企業を現地で調査しなければならないと考えるようになっていた。

当初、ジュネーブのオフィスに充てられたのはマチソンガーストのガレージだった。正式のオフィスを構えたのは一年後の一九六三年だった。有名な利子平衡税が導入され、アメリカの海外投資が急落した年である。そのあおりを受けて、国際資源株ファンドは静かにＩＣＡに統合されていった。その後二〇年間、国際部門は赤字を計上し続け、[7]社内の強い批判にさらされた。それにもかかわらず、ジョン・ラブラスは国際業務戦略の手綱を緩めることはなかった。新規業務には困難がつきまとうとはいえ、それを成功裏に展開するにはかなりの「時間」が必要である。ラプラスの功績は、この熟成のための「時間」をキャピタルに与え、それを実らせたことである。ラプラスのリーダーシップは常に合理的というわけではなかったが、国際業務の成功の理由としてはそれが第一である。海外投資の将来性を本能的に察知していたというほかない。そして、ラプラスを補佐するフィッシャーも、外国株投資、なかでもエマージング向け投資事業を確立するためには欠かせない、旺盛な企業家精神の持ち主だった。

外国株投資にキャピタルが本腰を入れて取り組んだのは、EAFEインデックスの開発にも見てとれる。のちに運用成果を測る国際標準となるEAFEとは、Europe, Australia, and the Far Eastの株式市場の頭文字を取ったものだが、このインデックスの必要性を強く主張したのはチャック・シンプだった。(8) 外国株に受託者責任を持って運用す

(6) たとえば今日では、ウォルマートはサンパウロでは業界一位、ブエノスアイレスで同二位の座を占めている。

(7) ラプラスはどんぶり勘定を嫌い、もともと事業ごとの採算を重視していた。したがって、国際業務部門の赤字については「先行投資」と見なしていた。

るには、きちんとした客観的なベンチマークが必要だと確信していたのである。EAFEはそのために作り出された。それまでは外国株投資のデータベースは皆無だったと言ってよい。

EAFEはキャピタル内部のパフォーマンス評価のツールだったが、一九七〇年には、*Capital International Perspective*という定期刊行物にEAFEとその裏付けデータを掲載し、有料で販売することに踏み切った。もちろん、ジュネーブでの業務コストを一部カバーする狙いもあった。「ケンにとっては、ジョン・ラブラスがいつまで赤字垂れ流しを認めてくれるのか、不安だったと思う」とシャナハンは言う。現実には、EAFEインデックスを作成するために、ジュネーブ駐在のアナリストを遊ばせずにすんでほっとしたのである。

一九七二年には国際業務拡大のため、キャピタル・インターナショナルにチェース・マンハッタン銀行の出資を仰いだ。当時チェースは、キャピタルの欧州投信業務の保管銀行を引き受けていたが、かつてはキャピタルの株式取引を一手に引き受けるなど、両社はかなり緊密な関係にあった。その意味では、この要請に応じるのは自然の流れだった。この合弁事業の展開によって、チェースは国際市場における地位向上を目指し、キャピタルは投信販売へのチェースの積極的貢献を期待していた。しかし結果的には、どちらも期待はずれに終わった。チェースの支店長に対する報奨金が何も用意されていなかったことから、投信販売の効果は出ず、国際投信への進出も大商業銀行のイメージアップにはつながらなかった。結局、チェースには何らプラスにならないということで、一九八〇年にキャピタル・グループがチェースの持ち株を買い戻すことになる。さらに一九八六年には、デヴィッド・フィッシャーがEAFEインデックスの著作権と*Capital International Perspective* の版権をモルガン・スタンレーへ売却した。(9) これによって国際部門の累積赤字を一掃するとともに、それまでの投資に十分なリターンを獲得することができたのである。

グローバル化を推し進める中で、キャピタルは各国で合弁事業を展開し、そのつど大

(8) この新しいEAFEインデックスに必要なデータの収集・整理をとりまとめたニリー・シコースキーは、こう言っている。「開発そのものは、すべてケン・マチソンガーストの構想から生まれました。ケンは、世界各国の経済は互いに影響を及ぼしつつ統合されていく、と気づいた最初の人だと思う。それがグローバル投資の基本的背景となったのです」

(9) これが現在のMSCI(モルガン・スタンレー・キャピタル・インターナショナル)インデックスである。なお、キャピタルは今も権利の一部を保有している。

きな問題を抱えてきたが、それはこれからも基本的に変わることはないだろう。もちろん成功例もある。キャピタルにとって最も古くかつ強力なものは、キャピタル・イタリア・ファンドである。一九七〇年代の初め、チェース・マンハッタン銀行のデヴィッド・ロックフェラーの紹介を受けた、アグネリス・グループの申し入れで始まった。ニューヨーク支社を訪れた同グループの構想は、「五〇％イタリア」「五〇％非イタリア」投資という異色なもので、主としてイタリア投資家を対象とした魅力的なものであった。イタリア・ファンドとキャピタル・インターナショナル・ファンドはすべてアメリカ以外で販売され、その後三〇年間、イタリア株を除いてジュネーブで運用されていた。

その一方で、アメリカの国内投資家向けの外国株投信も開発した。その第一号がニュー・パースペクティブ・ファンドだった。ファンドの会長にはバーナム社の調査部長であったワルター・スターンを引き抜き、外国株への投資比率を二五％に設定した。[10]〝国際投資のプロ〟としてスターンの声望は高く、セールスマンはファンドの販売に大いにそれを利用した。一九七三年に組まれたこのファンドは、史上二番目という大規模な募集に成功し、キャピタルの目覚ましい国際業務の進展を内外に印象づけることになる。

ジュネーブのキャピタル・インターナショナルについては、マチソンガーストが本社の指揮・命令から離れ、収益的にも独立させようとしていたが、グリニッジ・マネジメントの失敗を経験していたラプラスとシャナハンは、その構想に強く反対した。結局、この路線論争が尾を引いて、マチソンガーストは退社することになり、ロンバード・オディエに移った。その背景には、いくつかの理由が重なった。より高い報酬と、スイス名門の個人銀行のパートナー就任という魅力的な条件提示があったことも見逃せない。また当時、巨額資産を預けていたサウジアラビアの顧客に対する〇・一％という例外的手数料の適用に本社が反対したことも影響した。さらに、マチソンガーストの頑固な性格が社内でトラブルを引き起こすことへの懸念もあったのだろう。

しかし、ラプラスは国際業務の将来性にますます確信を深め、支援の体制をいっそう強めることになった。キャピタル・インターナショナルの累積赤字を個人的に負担するとまで明言するほどだった。産業・企業リサーチ部門でも、アナリストにグローバル・ベースの活動を奨励した。世界中の企業を訪問し、あらゆる情報を収集する仕組みを作っていった。一、二週間の通常の海外出張のほか、家族帯同で半年ないし一年間、海外に住み、その市場を生で体験し理解を深めることも奨励した。

(10) 金利平衡税の撤廃後、この比率は三〇％に、さらに五〇％にまで引き上げられている。

ところで、キャピタルの国際業務の展開を整理すると、次の四つの局面にまとめられる。一つは、アメリカの機関投資家と投信（アメリカン・ファンド）向けの外国株投資の発展。二つめは、エマージングマーケット投資における主導的地位の確立。三つめは、日本・イギリス・欧州などの主要国市場における運用業務の展開。最後に、インド・ブラジル・カナダ・イタリアなどにおける投信合弁事業の推進、である。

この四つの分野を包括する国際部門はゼロからスタートした。「一九八〇年代初め、ほとんど引き取り手のなかった国際業務をデヴィッド・フィッシャーは引き受けた」とローテンバーグは説明する。「その時の資産は五億ドルにも満たなかったし、赤字だった。ほとんど死に体の事業だった(11)」。

そんな国際業務をフィッシャーはなぜ引き受けたのか？　その背景には、職場の仲間による劇的な協力があったのだ。調査部長として一〇年間キャリアを積んできたフィッシャーは、今後は国際業務をやりたかった。しかし、今のままでは無理かもしれないと不満を抱いていた。そこへウォール街の超名門、ファースト・ボストンCEOのアルビン・シューメイカーから丁重な誘いがあった。ポストは同社の急拡大する機関投資家向け外国株ブローカレッジビジネスの責任者で、報酬も相当高額だ。話はほとんど固まっていた。ジョン・ラブラスはそれを聞いて、驚きのあまり言葉を失った。シャナハンはニュートンのオフィスに乗り込み、ドアを閉めるなり「デヴィッドが辞表を出した」と言った。ニュートンは仰天した。「どうする?」「まだチャンスはある。今すぐ引き留めれば、何とかなるかもしれない」

ニュートンはすぐフィッシャーを訪ね、その午後いっぱい、長年の友人として率直に話し合った。フィッシャーには東京での講演の予定があったが、シャナハンは代わりを見つけ、話し合いを続けた。

偶然だが、ファースト・ボストンの幹部にフィッシャーの親友がいた。そのジム・フリーマンは、社内政治が複雑で大変だから止めた方がいいと忠告してくれた。ジョン・ラブラスは、フィッシャーと夫人のマリアナを夕方の散歩に誘った。フィッシャーは来なかった。しかし、かつてキャピタルで働いていて、ジョン・ラブラスの人となりを知っていたマリアナは、微妙な時期であることは知りつつ招待を受けた。二人は何も言わず、近所の高校のフットボールをただ眺めていた。その時、マリアナの胸中には、これまでのラブラスの深い思いやりの数々が蘇ってきた。帰宅したマリアナは夫

(11) 国際業務部門としては赤字だったが、ジュネーブのほうは、ニュー・パースペクティブ・ファンドなど国内部門のためにも貢献することで、利益を出すようになっていた。

に、「ジョンと、もっと話さなければ」

「ジョンは、何て言ってた？」

「あなたのことを」

「だから、何を？」

「デヴィッド、ジョンは何も……」

フィッシャーにはわかった。きっとラブラスは、何か伝えたいことがあるに違いない。

翌朝、フィッシャーがラブラスのオフィスに入って行くと、ラブラスのほうから「君を国際部門から外していたとは気づかなかった。デヴィッド、ぜひ国際部門を引き受けてほしい」

フィッシャーが国際部門の責任者に任命された後、ジュネーブのほうでは多少ぎくしゃくしたが、その不満にラブラスは一つひとつ丁寧に対応して事なきを得たのだった。

一般にファンドが成長してくると、大口投資規制などさまざまな法規制上の制約(12)が出てくるが、投資対象を外国株にも広げることでこの問題を回避することができる。いわばファンドマネジャーやアナリストが扱う市場規模が二倍になるわけで、そのメリットは大きい。さらに、キャピタルのようなリサーチ依存型の運用会社にとっては、海外からの有用な情報が運用成績アップに決定的な意味を持つ。「ジュネーブのアナリストによる企業分析は、しばしば目覚ましい成果をもたらした」とフィッシャーは語っている。

こうした海外の主要株式市場の経験や知識を社内に蓄積するために、キャピタルは投資を惜しまなかった。世の中で「外国株の専門家」と称する者ほど、投資先の事情をよく知らなかったからだ。現地の変化を肌で感じるため、海外への出張は大いに奨励された。一九六〇年代からは、アナリストやファンドマネジャーは特定地域を担当し、二〜三週間の出張を年二、三回はこなすようになっていた。さらには、その国の文化を理解するうえで必要な歴史や音楽、演劇、美術などについても学ばなければならなかった。フィッシャー自身、「出かけることは大好きだ。違った場所であればあるほど面白かった」と述べている。

次に、アメリカ以外における資産運用業務の展開を見てみよう。

キャピタルは世界の主要国市場のほとんどで一流プレーヤーとして成長してきた。

(12) たとえば投資信託が、アメリカ連邦法に基づく銀行株を一〇%以上保有する場合や、上場企業の株式を五%以上保有する場合など、特別な制限があった。

イギリスでは過去二〇年の間に業界の再編・淘汰が進み、多くの年金基金は特定少数の運用機関に委託を絞り込むようになってきている。一九七〇年代には大手二〇社が主要プレーヤーと見られていたが、一つ、また一つと成績不振の会社が脱落していった。四大年金コンサルタントが大型基金の運用評価サービスを手がけてから、この傾向はますます加速した。主要プレーヤーの数は、一九八五年には一ダースに、そして二〇〇〇年には五社にまで減ってきている。

キャピタルは一九七九年にロンドンに進出したが、当初数年間は見るべき成果はなかった。イギリスでの最初の顧客は、アメリカで関係の深かったモービル石油だ。その後一九八〇年代までにエマージングマーケット向け投資で同国トップに立ち、さらに一九九〇年代に入ってイギリス株分野での実績も格段に上昇していった。

同時にキャピタルは、戦略上の岐路に立たされることにもなる。イギリスの投資家に対して、あくまで海外証券投資のスペシャリストに徹するのか、それとも英国内株の運用機能を強化してゼネラリストを目指すのか、という選択である。スペシャリスト戦略は、キャピタル本来の国際的な株式投資、とりわけエマージング投資の高い競争力を考えれば自然な流れだった。しかし、ゼネラリスト戦略にも魅力があった。イギリス株マネジャーとして実績をあげてきた時だけに、巨額の運用資産を獲得するチャンスだった。

ただ、これには疑問をはさむ者もいた。自国株の運用で海外の会社のほうが巧いと信じてもらえるだろうか、むしろエマージング投資の既存顧客から大口の外国株運用受託を目指した方がいいという意見だった。こうした議論を踏まえて、キャピタルのとった戦略は外国株のスペシャリストではなく、各国国内株を含むグローバル株式運用に特化するというものであった。

イギリスでの営業展開は、まずキャピタルの看板になるようなビッグネームの顧客獲得に絞った。これでコンサルタントの関心を引きつける作戦だ。巨大年金のいくつかに食い込むことに成功してからは、新規開拓に重心を置いて四大コンサルタント向け戦略を強化した。大手年金の運用マネジャーの選択に中心的役割を果たしていたのは彼らだったからだ。

当時の環境も追い風であった。イギリスの大手年金は国内運用機関に飽き足らず、国内証券の運用についてすら海外運用機関も含めて採用の見直しを進めていたのだ。今まで馴染みのない優秀な運用機関を探すには、どうしてもコンサルタントの情報やマネジャー評価に頼らざるをえない。キャピタルにとっては極めて有利な展開となってきたのである。こうしてキャピタルは、イギリスの代表的なグローバル運用マネジャーにまで成長した。外国証券に加え、イギリス国内の株式・債券の運用機関としての評価も高く、国内株特化型を除くイギリス機関投資家向け運用で、トップファイブの一角を占めるまでになった。

欧州でも、二〇〇〇年までには一五〇の年金・財団基金などの運用を受託し、さらにその後三年間でこの数を倍増させている。より長期的に見れば、欧州各国の統合は、ドイツ株やフランス株といった個別国株にしか投資しないマネジャーや、国内株にしか投資しない年金を淘汰していくだろう。これからは欧州全体や、世界中の株式を対象とした運用に目を向け、運用機関もそうした能力を備えなければならないということだ。こうした環境変化は、内外での株式運用能力を磨いてきたキャピタルなどの運用機関にとって、プラスに働くことは間違いない。

アジアでは日本での展開も目覚ましく、(13)二〇〇〇年までに一〇〇件近い機関投資家向け運用を受託し、その勢いを加速している。当初はエマージング運用のスペシャリストとして、次いで広義の外国株マネジャーとして取引を拡大し、さらに日本株運用まで手がけるようになった。日本の巨大な年金制度に変革の波が押し寄せている現在、キャピタルにとっては国内株マネジャーとしての地位を確立する好機とも言える。日本に派遣される欧米の運用プロのほとんどは駐在期間が短いうえ、日本の産業や企業の複雑な性格を十分に理解しているとは言いがたい。この点、現地リサーチを徹底的に重視するキャピタルにとっては極めて有利だと言えよう。また、オーストラリアでは主要なアメリカ株・債券マネジャーとして、シンガポールでは外国株運用の最大手として知られている。

今ではキャピタルの国際業務は順調に拡大しているように見える。「もし我々が躓《つまず》くとすれば、それは自分たちの力を過信してしまうことから起こるだろう」。過去一〇年、キャピタルをはじめとする運用機関は先進国から途上国へ莫大な投資を仲介してきた。今後は逆に途上国からの運用拡大を期待している、とフィッシャーは言う。

国際業務重視の一端は人材登用にも見られる。「アメリカ人以外で、アメリカ国外で採用されたわが社の幹部クラスは、本社でのキャリアがなくても、経営リーダーの地位

(13) 日本の責任者はパーカー・シムズ。父親が戦後の占領軍付き弁護士だった関係で、日本で生まれ日本語で育った。ハーバード・ビジネス・スクールを卒業後、キャピタルに入社する。日本の運用市場では、高い運用成果よりも系列関係や手数料率の低さを重視する時期が最近まで長く続いていた。

に昇進できることを知っている」とローテンバーグは指摘する。しかし、現状では収益の大半はアメリカ国内のビジネスからもたらされ、したがってロサンゼルス中心に考えるリスクにさらされている。「本当の意味でグローバルな会社にしていくのは容易なことではない」とフィッシャーも認めている。

「たしかに海外で素晴らしい業績をあげても、本社に戻って、それまでの仕事とは別の論理で動いてきた組織のリーダーにつくのは、なかなか難しいだろう。それでも我々は、グローバルな組織を作り上げるために、最高の人材を海外に送り出したいと考えている」

ある時、ボブ・カービィは、「二〇一〇年で外国株が受託資産の五％までできたら、ロスの真ん中を裸で走って見せる！」と大見得を切った。フィッシャーはこの言葉を覚えていて、後日、裸のカービィの合成写真を作り、この言葉を書き込んだ額をカービィに贈っている。

ところで、有効に活用された時間というものは、幸運とかタイミングに恵まれた時に、企業戦略上も決定的な要素として働くものだ。ダグラス・マッカーサーも、「戦争の歴史は、いわば〝ボタンのかけ違い〟の連続だ」と喝破している。キャピタルの国際分散投資の歴史も、この「有効に活用された時間」と「適切なタイミング」を抜きに語ることはできない。

国際分散投資は、キャピタル・グループにとっても中心テーマの一つである。当初、社内外のデータから見て困難と思われるような事業を推進するには、ラブラスの強い支持が必要だった。そして、それを担当する人材はアウトサイダーである方が望ましく、長期の創業赤字にも耐えられるだけの強靭な精神力も備えていなければならなかった。ラブラス父子の個人的な直感に支えられてきたとはいえ、今や国際業務は国内業務の半分近くにまで拡大してきた。

国際業務の前途には、まだまだ古くて新しい課題が山積している。個別市場の地域特性を十分に活かしながら、釣り合いのとれたグローバルな体制をいかに作り上げるのか？　各国市場に十分に根を張り、その成功体験にとらわれずに、どうグローバルな視野を確保していくのか？　国によって異なる企業倫理の違いを正しく理解し、どう効果的に対処していくのか？　個別市場で成功してきた優秀な人材をいかに本社で活用していくのか？　業務環境も企業文化もまったく違う多くの国で働く人材をいかに公平に処遇し、育成していくのか？

こうした課題の一つひとつを解決していかなければ、真の意味で一体化したグローバル企業に成長できないことを、キャピタルはよく心得ている。

第11章 エマージング投資でナンバーワン！

今でこそキャピタルは、エマージングマーケット（途上国市場）向け投資の分野で圧倒的な地位を誇るが、[1]こうならなくてもまったく不思議ではなかったのである。

このエマージング投資発展の歴史は、キャピタル社内でも語り継がれる伝説的な話だ。途上強烈な信念を持った一人の男にこの仕事が任され、やがてはそれが花開いていく。

（1）その実績があまり知られていないのは、この分野のファンドがほとんど私募形式の機関投資家向けのもので、日本（規制上、ルクセンブルクに登録）、欧州、北米の三本に分かれていたためである。キャピタルのエマージング投資による運用資産は、二五年前の運用総資産に匹敵する規模になっている。

国の株式市場が一つずつ海外投資家に開放されるにつれ、世界の機関投資家の目はそこに向かった。そこにタイミングよくキャピタルは居合わせ、フィッシャーという男がその絶え間ない熱意と努力で成功をもぎとっていった。しかし、この成功物語にはもう一つの伏線があった。キャピタルのまったくあずかり知らないところで、一人の女性がキャピタルを運用委託先候補として推薦するという幸運から、この仕事は始まっていたのだ。

意外なチャンスは、想像もつかないようなところから動き出していた。その男はアントワーヌ・ファン・アクトメールという若いオランダ人だった。イェール大学で経済とロシア語を学んだ後、海外で仕事をするためバンカーズ・トラストに入社した。研修を終え、パリかバンコクか、希望する赴任先を問われて、意外なことにバンコクを選んだ。そこで証券と資産運用のビジネスを経験するなかで、タイにも一流の企業が存在すると確信するようになる。アメリカに帰国後、世界銀行の民間事業部門であるＩＦＣで働くことにした。

ＩＦＣは民間資金による途上国投資を支援する組織である。ここでファン・アクトメールは、途上国にも投資適格企業が存在することを示すデータベースを作成するための、ボランティアの研究会に参加した。手応えは十分にあった。そこでまず、キャピタルのEAFEインデックスのような客観的な評価基準となりうる、IFCエマージングマーケット・インデックスの開発を目指した。当時の世銀幹部の間には、途上国に株式市場を育成しようという発想などなく、反対論も強かった。それにもかかわらず、途上国向け投資ファンドを立ち上げるアイデアは徐々に浸透していった。

IFCとしては、以下のような方策を講じていけば、投資家および投資受け入れ国の双方にとってプラスになる投資分野が生まれてくると信じていたのである。

先進国の大手機関投資家に対する投資の勧誘。途上国における企業の株式発行の奨励や大企業の株式公開の促進、株式市場の制度改善、資金調達手段の多様化、企業の情報開示の改善。地元の事情に配慮した証券投資の促進や海外市場との交流など。

しかし、一方で心配も大きかった。世銀は極めて政治的で官僚的な組織と見られていたから、こうしたハイリスク投資には向かないだろうし、下手をすれば、象牙の塔の学者たちの道楽ととられかねなかったからだ。結局、このアイデアを実現できるのは民間企業しかないという結論になった。そのためには、成功した投資例を一件でも見せる方が、どんな調査報告書よりも説得力があるだろう。こうして、「第三世界株式ファンド」

の目論見書がで(2)きあがった。投資家向けには、途上国市場が企業情報の開示や透明性の確保、投資規制の緩和などで、改善されつつある点が強調されていた。このファンドは、ニューヨークで開かれたソロモン・ブラザーズ主催のセミナーで披露された。

席上、JPモルガンの国際投資のベテランが世銀の面々に、さも深刻そうに忠告するのだった。「君たちは途上国向け投資を、道義上しなければならないかのように説明しているが、そんなものじゃないだろう。何百年もの間、貧困や混乱、債務不履行、財産没収に明け暮れ、そこから抜け出す見込みのまったくない国に投資するなんて、まともなファンドマネジャーの考えることではない」

しかし、それに続く言葉は驚くべきものだった。「率直に言って、長期投資を真剣に考える機関投資家にとっては、この分野は魅力がある。これらの国の潜在成長性は計り知れない。きちんと経営されている企業も少なくない。しかし、『第三世界』とか、『低開発国』とかいう看板をぶら下げている限り、このファンドは売れないだろう。もっとましな名前にすれば、チャンスが出てくるかもしれない」

彼らはその忠告を受け入れ、「低開発国」とか「第三世界」という名称は今後絶対に使わないことを決めた。そしてその代わりに、「エマージングマーケット」という名前のクローズドエンド型の途上国株式専門ファンドを新たに立ち上げようと考えた。

当初の計画は極めて単純なものだった。先進一二カ国の一二の機関投資家に対し五〇〇万ドルずつ投資してもらい、六〇〇〇万ドルのファンドを設定するのだ。これだけの金額になればニューヨーク証券取引所にも上場でき、対外的にも注目を集められる。計画は単純だったが、ことはそう簡単に運ばなかった。アメリカのＩＢＭ年金、オランダを代表するＰＧＧＭ、フランスのパリバと滑り出しは順調だったが、日本が最後まで首を縦に振らなかった。[3]

ドイツの場合は幸運に恵まれた。この話が始まる数カ月前、ファン・アクトメールはフランクフルトへ出張する飛行機で、偶然、カリスマＣＥＯとして名高いドイツ銀行のアルフレッド・ハーホイゼンと席を隣り合わせ、東南アジアへの投資について雑談を交わした。この縁でファン・アクトメールはハーホイゼンに直接電話することができた。おそらくハーホイゼンは機内で何を話したかは覚えていなかったはずだ。ただ、彼にとっては五〇〇万ドルの投資は少額だったので、その場で前向きの感触を伝え、直後にス

（2）目論見書の末尾にはごく簡潔に、「期待収益の実現は必ずしも保証されたものではありません」と書かれていた。

（3）同時にファンドの取締役にも就任する。

タッフから確認の電話をさせた。

次の問題は、運用委託先の選定だった[4]。キャピタルは候補リストにも載っていなかったが、ついていた。候補にあがっていた米教職員年金（ＴＩＡＡ-ＣＲＥＦ）が貴重な機会を辞退し、その代わりにそのファンドマネジャーの一人がキャピタルを推薦したのである。実は彼女は、キャピタルへの転職を希望していたようなのだ。

キャピタルにとっては、またとないチャンスが訪れた。しかし当時、社内では反対論のほうが強かった。「ＩＦＣから電話があったのは一九八五年八月だった。ぜひエマージングマーケット投資の相談にのってほしいと言ってきた」とフィッシャーは振り返る。キャピタルを選んだのは、外国株投資で優れた実績があり、その一部はすでに途上国にも投資されているというのが理由だった。

フィッシャーはあまり乗り気ではなかったが、一応は検討してみることにした。しかし、送られてきた書類を読み進めるうちに、フィッシャーはこの世界に引き込まれていった。そして、キャピタルがこの分野に本格的に取り組むべきだ、という確たる結論に達した。ただ、フィッシャーが初めてこの話を持ち出した時、キャピタル内部では「グローバル投資を考えている者は決して主流ではなかった」

社内の意見は真っ二つに割れた。キャピタルが得意とする現地調査のコストからみて、採算面から反対を唱える者も多かった。「現地調査の質を落とすつもりはなかったから、コストが高くつくのはよくわかっていた」とフィッシャーは言う。「問題は需要見込みについて悲観、楽観の両論が交錯したことだ」。結果的に需要は強かったのだが（たとえば、他社の運用する韓国ファンドなどは、その大部分がアメリカ国債に運用されていたにもかかわらず相当値上がりしていた）。

不十分なインフラも大きな問題だった。途上国の会計基準やその開示ルールは一般的にかなり低水準なうえ、株式市場の取引もさまざまに制限され、取引も決して透明なものでなかった。キャピタルはアウトサイダーとして、主にインサイダー情報に基づいて売買する地元業者と競争しなければならないことは、目に見えていた。しかも、こうした市場はいつ暴発するとも限らず、投資家とキャピタルを大きく傷つけることを心配する者もいた。もっと根本的な問題は、これらの国々の経済や社会、政治、資源、文化、市場といったものがあまりに違いすぎることだ。「そもそもブラジルとかインドネシア

（4）当時、外国株投資のリーダーと目されていたジョン・テンプルトン（一九八七年に個人向けのエマージングマーケット・ファンドを作っている）をはじめ、ボストンのグランサムも招かれた。すでに韓国ファンドでＩＦＣに協力していたスカダーは外された。

とかギリシャなどに投資して、プロフェッショナルとしての名声を危険にさらしていいのか」と言う声も強かったと、フィッシャーは打ち明ける。

「積極推進派の切れ味はそれほどよくなかったが、それでも我々はこれを強く支持した」とフィッシャーは言う。途上国でも構造変化が進み、多くの企業に成長のチャンスが訪れるだろう。独自の現地調査を通じて、そうした急成長企業を発掘していくことこそが、キャピタルの将来戦略として重要だと考えたのである。エマージングマーケットの低PERは長期投資家にとって魅力であり、とりわけ急成長の世界的企業を割安な価格で買えるのは大きなメリットだ。フィッシャーは続ける。「この案件は新たなビジネスを学ぶ絶好の機会だった。いち早く業務基盤を築ければ、後続プレーヤーの参入コストをいっそう高め、かなり優位に立てると考えた」

一九八五年一〇月、フィッシャーはこの件を取締役会に諮った。激しい意見の対立は明らかだった。[5] そこでラプラスは決定的な分裂を避けるため、結論を翌月の取締役会まで先延ばしし、フィッシャーに根回しの時間的余裕を与えた。そして次の取締役会で、何とかIFCのエマージングマーケット・ファンドを運用するマネジャー・コンペに参加する同意を取りつけたのである。

IFCに対するプレゼンテーションで、フィッシャーとイーグルストンは、キャピタルの外国株投資の歴史を説明するとともに、赤字でもこの事業を将来にわたって堅持すると熱っぽく語った。

翌八六年一月、キャピタルはＩＦＣから五〇〇〇万ドルのクローズドエンド・ファンド運用の指名を受けた。実際は五〇〇〇万ドルに届かず、上場には至らなかった。ファンドは立ち上がってからも苦戦が続き、〝傷だらけ〟という様相であった。むしろ上場していなかったことで、目立たなかった分だけよかったと言える。採算の取れる金額でもなく、ほかのファンドと差別化できるほどの金額でもない。さらに始末の悪いことに、この赤字ファンドは消えることなく存続してしまったのだ。

ＩＦＣとの契約後、よくよく調べてみると、キャピタルの現地調査コストは四五万ドルという手数料をはるかに超えていた。このコストをカバーするには、結局、アメリカの企業年金から新規契約を獲得するしか手がなかった。そこで担当のキャピタル・ガーディアン・トラストが動き出し、ＡＴＴ、パシフィック・テレフォン、ベル・アトラン

（5）反対論はキャピタル社内にとどまらなかった。フォード財団がキャピタルのファンドに五〇〇万ドルの投資を決めた時、前世銀総裁のマクナマラは、「こんなバカげた話は聞いたことがない」と慨嘆したという。

ティック、NYNEXといった電話会社の年金がその最初の顧客となった。

こうしたビジネスを対外的に推進していくうちに、ラブラスとフィッシャーのリーダーシップにも影響が出てきた。二人はまったく対照的な性格であったが、しっかりした信頼関係に結ばれていた。フィッシャーはもともと楽観的で、ビジョンを追い求めるわりに意思決定は早かった。ラブラスは慎重で保守的なタイプだ。フィッシャーは間違いはつきもの、そのつど直せばよいと突っ走る。ラブラスは決断の前にあらゆる可能性を検証し、ミスを徹底的に避けようとする。

そんな二人だったが、エマージングの運用業務をどんどん推進するつもりだったフィッシャーは、慎重なラブラスに苛立っていた。実はラブラスは、フィッシャーに本業の投信部門に集中してほしかったのだ。フィッシャーにとっては将来のキャリアにつながる素晴らしい話だったが辞退した。「ジョン、気持ちは大変嬉しいが、投信部門にいる限り、君の鞄持ちとしか思われないからね」と。

IFCの運用受託から一九九六年までの一〇年間、キャピタルのエマージングマーケット資産は年平均二七%で増加し、一三〇億ドルに達した。また一五年間でみると、二九カ国の機関投資家から二五〇億ドルの資産を受託するまでに成長し、現地調査アナリストを駐在させる国は三〇カ国に及んでいる。フィッシャーは続ける、「もし一五年前に、途上国が現在の段階まで発展し、その企業価値が現在の水準まで上昇するなどと予想していたら、お笑い草だったろう」

今やキャピタルはこの分野でナンバーワンの運用機関である。それでも個人向けには純粋の株式投信を販売していない。その理由をフィッシャーはこう説明する。「投資家に誤解を与えたくないのだ。簡単に売れるだろうが、リターンに目を奪われて、リスクが疎かになるようでは危険すぎる。それに、流動性が低くて思うように売買できないという深刻な問題もある。(6) ちょっとした売り買いで株価は乱高下するから、リスクを回避するために、時に敏速に立ち回る必要があるが、個人には無理だ」

機関投資家向けに設定されたエマージングマーケット・グロースファンドでも、その

(6) キャピタルが韓国ファンドのような「単一国ファンド」、あるいは「東南アジアファンド」といった「リージョナル・ファンド」を作らなかったのは、この途上国市場の流動性の低さを懸念したからだ。ただ、こうした特定分野に特化したファンドに否定的だった主な理由は、投資家のためになるフル・インベストメントと両立しないことにもあった。

追加販売は前年末残高の二五％以下に制限されている。ファンドが大きくなりすぎてもよくないので、資金増加を一定範囲内に管理する必要があるのだ。ローテンバーグによれば、「我々の企業としての使命は、運用資産額の最大化ではなく、現在ファンドに投資してくれているお客のためにベストを尽くすこと」なのだ。

個人向けのエマージングマーケット投信が初めて販売されたのは一九九四年である。ニューワールド・ファンドがそれだが、これも投資対象はすべて途上国株式というものではなく、個人向けに価格の安定性と流動性を考慮して債券と株式とを組み合わせたものである。

もちろん、このビジネスでトップを極めるまでにはさまざまな曲折があった。その典型例は、一九九四年に合弁を組んだインドの保険会社の場合だろう。その会社がカナダのサン・ライフと提携すると、サン・ライフは資産運用事業をすべて自社に集約すると主張し、結局、キャピタルとの合弁事業は一九九八年に解消されてしまう。

ブラジルにおけるバンコBBAとの合弁事業も、期待されたほどの年金資金が積み上がらず解散に追い込まれた。しかも、合弁会社の債券ファンドマネジャーが、顧客のガイドラインに反して、借り入れや先物・オプションといったデリバティブを利用していたことが発覚した。ファンドの借り入れは目論見書でも禁止されていたのである。合弁会社が顧客の損失を全額補償したため、規制上の問題や訴訟には発展しなかったものの、この件でキャピタルは一〇〇〇万ドルの損失を計上した。このブラジルの事件で、国によってビジネス慣行が異なり、自分たちの発想だけで海外業務を進めることの危険性を、高い授業料を払って学んだのである（ただその後も、バンコBBAとは良好な関係を保っている）。キャピタルの業務標準は非常にレベルが高いため、海外で運用する場合は、現地企業との合弁で事業化を急ぐより、自分だけでゼロから時間をかけて仕事のやり方や企業文化を作り上げていくしかなかったのだ。

シンガポールでの展開も途中で躓いた。一九八五年、フィッシャーはモルガン・スタンレー主催の東南アジア・ミッションに参加し、シンガポール政府の運用部門であるGICのエング総裁と面談した。GICと言えば、「将来世代のために」一〇〇〇億ドルもの投資をしている世界有数のファンドである。最初のうち総裁は、笑ってばかりいるフィッシャーに不信感を持った。しかし、数日間接するうちに印象は変わった。「彼は好奇心の塊だ。誰かれ見境なく何でも尋ねるのには、本当に驚いた」

数週間後、フィッシャーから電話がかかってきた。「何か一緒に仕事ができないでしょうか？」。ほかの連中は自社の能力を売り込むために躍起になっているのに、フィッツシャーは協力して何かやりたいという。「我々も何かお役に立てると思うが、今後、東南アジアでビジネスをするうえで、御社から学ぶことはたくさんあるはず。御社はこの地域のプロですから」。他社とはまったく違うアプローチの仕方に総裁は新鮮な驚きを覚えた。フィッシャーは日本向けにキャピタルが助言するグローバル株式ファンドの創設を考えていたのだ。これに総裁も同意した。

だが、結果は散々だった。日本の運用会社はポートフォリオの中身を激しく回転させ、投資家の解約が出ると、流動性の高い優良銘柄から現金化していった。そのため、GICをはじめとする長期投資家の手元に残ったのは、ほとんど流動性のないカスばかりだった。このような悲惨なスタートではあったが、総裁とフィッシャーとの間には個人的にも深い信頼関係が生まれ、今ではキャピタルはGICの最大のマネジャーであり、GICもキャピタルのトップクラスの顧客となっている。

しかし、そこまで到達するには両者の努力の積み重ねがあった。最初にフィッシャーが直ちに誤りを認めた。さらに総裁が長期戦略的な視点を持っていたことも幸いした。打開策としてGIC専用ファンドを作ることになった。これは順調にいった。しかし、総裁は単なる運用機関と投資家の関係ではなく、特別な関係を望んだ。キャピタルにシンガポール・オフィスを開いてほしいと持ちかけてきたのである。

シンガポールは独創的な経済計画とその断固たる実行、そして厳格な規制によって、わずか一世代の間に先進国の仲間入りを果たし、続いて東京や香港に対抗できるアジアの金融センターづくりを目指していた。そのためには是が非でも、欧米の一流運用会社の支店かアジア本部を招致する必要があった。そこで政府は海外の運用機関に対して、進出直後数年間の課税免除とGICからの原則一億ドルの運用委託という特別待遇を与えることにした。その見返りとして求めたものは、若いシンガポール人スタッフに対する専門的な研修であった。

巨大な運用資産を持つGICとの関係構築に、フィッシャーは積極的だった。しかし、すべての顧客を平等に扱うのがキャピタルのルールである。〝特別〟な関係を結ぶことには無理があった。そこで二人は、非公式の紳士協定として段階的に関係を強化していくことで合意したのである。

シンガポール・オフィスの開設もまた難航した。会社として十分な機能を果たすためには、シニア社員が最低二人は必要だった。そのコストを考えれば、他社にとっては十分すぎる五〇〇〇万ドルの受託資産でも、GICが追加手数料を支払わない限り、採算点には届かなかった。ようやく一九八九年に開設にこぎ着け、子供の頃にシンガポールに在住したことがあるマーク・デニングと、八五年入社のロブ・ラブラス(7)が赴任することになった。

問題は他にもあった。当時、キャピタルのアジア株ファンドマネジャーはシンガポールに駐在していたので、トレーダー（売買発注業務の担当者）とのより緊密な連携を目指し、アジア株全体の発注業務をシンガポールに集中しようと動いたのである。これは政府の金融センター構想に沿うものであったにもかかわらず、当局から待ったがかかった。そのためには証券業の免許が必要だというのである。そうなると、複雑な規制が課せられるうえに、当局に預託金も積まなければならない。キャピタルには受け入れられない話だった。運用会社としては、顧客の代理人の立場で発注を行うだけであり、証券業として利益をあげるために売買したり、自分でポジションを取ったりするわけではない。いかなる国の証券業務規制にも関わらないのがキャピタルの基本方針であり、例外は許されなかった。結局、通常のトレーダー業務とキャピタルのそれとの違いが理解され、問題を解決するのに何年もかかってしまった。

ＧＩＣがタイに集中的に投資する特別ファンドを設定しようとした時も、議論は紛糾した。特定国向けファンドは作らないというキャピタルの方針に合わなかったからだ。最後は、ＧＩＣほどの巨大資金であれば、低流動性というリスクを吸収できるということで落着した。長い時間をかけてお互いの信頼関係は深まっていった。GICのファンドマネジャーはキャピタルのアナリストと連絡を取り合い、個別銘柄の売買の意思決定に関わる場合を除いて、キャピタル社内の電話会議にも参加できるようになった。最近では、GICのアナリストとファンドマネジャーはサンディエゴで、キャピタルの専門スタッフと二日間のリサーチ会議を行っている。

冷戦終結とともに、世界の金融・資本市場では自由化の流れが力強く進み始めた。海外の投資家に対する規制緩和も着実に進展している。リサーチやスタッフの個性を重視するキャピタルの伝統は、このようなグローバル市場で特に威力を発揮する。そして、キャピタルが世界の主要国すべてでその地位を確立し、声価を高めてきた結果、各国の機関投資家はエマージングマーケット投資に手を広げるまでになってきた。今ではキャピタルは、エマージングマーケット投資でダントツのトップである。その受託資産額は

(7) ロブ・ラブラスはジョン・ラブラスの息子。プリンストン大学で鉱山経営を学び、最優秀で卒業後、一九八五～八六年の間、キャピタルで鉱業アナリストを務めた。その後、フィッシャーに頼んでエマージングマーケット部門に引き抜いてもらい、スペイン語の能力を活かしてメキシコを担当していた。

二位以下の一〇社分の合計をも上回る。それほどの実力者でありながら、「エマージングマーケット」という言葉は適切なのか、「ヨルダン、タイ、ギリシャ、韓国といった、まったく異なる国々を一緒くたにしてよいのか」という疑問を最初に提起している。

途上国経済が貧困から抜けだし中流階級が豊かになると、消費財が成長してくると経済学者は言う。しかし、途上国に消費財を販売するコカ・コーラ、シュワッペ、ペプシコ、コルゲート、プロクター&ギャンブル、ネスレ、ソニー、日立、ホンダ、ウォルマート、GMなどはすべて先進国の企業である。こうした段階ではまだ株式よりも債券のほうが有利なことくらい、経験を積んだファンドマネジャーなら誰でも知っている。

エマージングマーケット投資は、キャピタルにとっては急成長・高収益の分野である。そこで強化し続けてきた現地調査と確立した名声のおかげで、外国株の運用でもグローバル運用でも、新規顧客の開拓が有利に運んだわけである。

第3部

最高峰を目指す

第12章　チームプレーのできるプロフェッショナル

「本当に好きな仕事をしろ。楽しめないことには手を出すな。とにかく楽しくやろう」。単純なメッセージだが、決して「自分のことだけ考えて行動すればよい」というわけではない。キャピタルの社員で、こんな勘違いをする者は一人もいない。

キャピタルの経営にとって、運用力と顧客サービスの向上が重要なことは言うまでもない。しかし、それを実現するには、有能な人材を発掘して育成し、継続的に高い成果に結びつくような、効率的な組織を作り上げていかなければならない。高度の専門職を中心とする会社なら、ほとんどそうだろう。したがって、キャピタルのようなプロフェッショナル企業の成長は、第一級の人材の数と、彼らがどのように効率的に組織されているかで測られることになる。(1)

「誰だって自分の得意な分野で仕事をしたいだろう」とビル・ハートは言う。「本当に優秀な人は、自分が最も得意な分野で勝負するものだ。そこそこできる程度のことなど、やりたがらない」。だから、キャピタルでは社員を、自分が最も得意で、やりたい職種にできるだけ就けるようにしている。若手アナリストに早くから投資判断を分担させているのも、そのためだ。「何年たっても自分のやりたいことをやっていないとしたら、やりたくないことばかりやらされているということになる。人生はたった一度しかないのだ」

ラブラスは組織の中のポジションを決め、そこに人をはめ込むようなことはしない。逆に、「個人」から出発して、個々人が最も力を発揮できるような形に組織を変えていく（若手社員には、適性を会社が判断し、向いていそうな仕事をどんどん与えていくと説明されている）。したがって、若手スタッフはいくつかの仕事の経験を積みながら、自分自身と新しい仕事の勉強を続け、能力や関心の幅を広げながら適性を確認していく。実務経験を通じて自分に最もふさわしく、能力向上に強い刺激を受けるポジションを見つけていくのである。

キャピタルは社員を管理することを通じてではなく、障害を取り除いてやることで能力を最大限に発揮できるようにする。しかし、シャナハンも認めるように、「実際にはとても難しい」。その中で二つの成功例を紹介しておこう。一つは、ビル・ニュートンがロスの本社から遠く離れたワイオミング州のジャクソンホールに住み、そこで働くことを認められたこと。もう一つは、マイク・シャナハンが三〇年間ロスで働いた後、念願のパームデザートに自分のオフィスを移すのを認められたことだ。

優れた人材採用という戦略は、一九二〇年代の、キャピタル設立前のジョナサン・ラブラスの時代にまで遡る。「キャピタルが世界有数の運用会社に成長できた最大の理由は、人材の質の高さにあると言ってよい」とジョン・ラブラスは言う。

それに加えて、あらゆる面で働く環境を整え、働きやすい条件をとり揃える組織上の改革も重要な役割を果たしてきた。具体的には次の三点である。

●給与・ボーナスを含む報酬体系

（1）キャピタルでは過去二〇年間、自社の成長を軽視してきたのではないかという反省がある。特に相場が低迷した一九七〇年代に十分な人材を採用しなかったことが指摘されている。ジム・ダントンが言う。「当時は投信業務の先行きがとても暗く、希望者が激減していた。今、その穴埋めをしているところだ」

●プロとしての昇進・研修体系

●投資情報やアイデアを共有する仕組み

会社の急成長に伴って新規採用が増えると、どうしてもアナリストやファンドマネジャー間のコミュニケーションは希薄になっていく。そうなると、キャピタルらしいきめの細かい、配慮の行き届いた文化も維持しづらくなり、設立以来のよき伝統を次の世代にきちんと伝えていくのも難しくなる。キャピタルでは、こうした問題への対策として、主要幹部が通常の引退年齢を過ぎた後も数年間、社内にとどまり、後進を支援するシニア・パートナー制度を作っている。

海外事業を積極的に展開し、さまざまな国籍や文化を持った多数のスタッフを採用している国際的な急成長企業の場合には、問題はさらに先鋭的に現れる。キャピタルの場合もそうだった。一九七五年当時は、アナリストやファンドマネジャーの八割はロスに集中していたが、今ではこの比率はわずか一五%にまで低下している。海外展開に伴って、アナリスト全体の四割はアメリカ以外の出身で、その出身国は三一カ国にのぼる。海外八カ国に一九の拠点を持ち、全世界の社員数は一九七五年の三〇四名から二〇〇三年には六〇〇〇名を超えるまでになっている。

キャピタルの経営は、まさに人に始まり人に終わると言っていい。その採用はプロと、ビジネススクールの新卒の両方で行われる。今では必要人員を確保するだけでも大変である。ティム・アーマーは言う。「二〇年前は、運用部門のプロは三〇名だった。最近では資産の増加分をこなすだけでも、毎年二〇名は追加しなければならない」

新卒は主要ビジネススクールに出向いて面接するが、それだけでもかなりのエネルギーがいる。そのうえ毎年、五〇名以上のプロフェッショナルと面談している。しかし、このうち採用まで辿り着くのは一〇名にも満たない。社外のプロに対しては積極的には勧誘しない。「その代わり、関心があればいつでも話し合いに来てほしいと窓口を開けている。結果的にもこのやり方がいいようだ」。本格的な面接に入る前に、少なくとも二人のスタッフによってふるいにかけられる。「採用も結婚に似たところがある。うまくいかない時は、たいてい自分のほうに責任があるものだ」

採用に際しては、人種、文化、経歴などの面で多様な組み合わせになるように心がけている。そのため採用枠を四つに広げている。①ビジネススクールの新卒、②他の産業の経験者、③同業の経験者、④社内研修プログラム（TAP）の修了者、である。

TAPは大卒優秀者を対象に実験的に始められたが、その結果があまりに素晴らしかったため、以後採用枠として定着していった。フィッシャーによれば、「二〇年間の実績から見る限り、TAPの研修生はしっかり働いている」。彼らは二年間、営業、バックオフィス、運用など六つの分野にわたって四カ月ずつ研修を受け、運用業務の基礎を実地で身につけていく。彼らのうち一五%が運用部門を選ぶという。[2] TAPの基本理念もまたジョナサン・ラブラスに遡る。一口で言えば、伝統的な考え方と創造性とをいかに両立させるかということだろう。

将来何があるかわからないという前提に立って、キャピタルは常に必要以上の採用を続けてきた。今世紀初めの暴落時にも、他社が大幅な人員削減に踏み切るなかで、逆に一六名のシニアプロを含め、数百名の新規採用を行っている。不況期に採用枠を広げるメリットは、採用する側だけにとどまらない。

- 不況期のほうが優秀な人材確保が容易である
- 業績悪化の会社にとっても、引き抜かれるメリットがないとは言えない
- 雇用される者も、希望する職場に移れる

たしかにこの戦略は、勇気と長期的なビジョンがなければ実行できるものではない。非公開企業だが財務力に優れるキャピタルは、顧客との長期的関係と同様、人材採用を自社の先行投資と位置づけている。

ビジネススクールでは二〇～三〇名の候補者と面談する。「もちろん」とカリン・ラーソン(3)は言う。「運用プロを希望する学生の中には、仕事の中身より、給料やボーナスに惹かれる者も少なくないから気をつけているわ」

面接は極めて大事な仕事である。そこで誠実さ、職業倫理、ユーモアのセンス、視野の広さなどを見極めなければならないからだ。「私たちは『C』で始まる特性を求めます」とラーソンは言う。「common sense（常識）、curiosity（好奇心）、caution without being

(2) 一九九九年時点の例だが、運用プロ二二三名の採用者のうち、四七％は他社での経験者、三六％は新卒MBA、一七％がTAP出身者である。

(3) 彼女は秘書からスタートしたが、夜間の大学院を出てアナリストの道に進み、ニューヨーク・オフィスの消費財アナリストになった。一九七三年と七五年には出張で来日したこともある。九八年にキャピタル・ガーディアンの調査部長に就任し、今では車椅子に乗って世界中を飛び回り、新規採用の面接を担当している。

stubborn（慎重さ）、creativity（創造性）、confidence without arrogance（自信）」などである。次いで、アナリストと担当業種との相性を見る。ここは肝心なところなのだが、なかなか自分ではわかりにくい。あるＩＢＭのエンジニアの履歴書には、ＳＦ小説を書いて出版したとあった。このような閃きある創造性が、のちにアナリストとして成功させる鍵となったのだ。もっとも、彼が頭角を現したのは、ハイテクではなく流通分野であったが。

採用では完璧を期するため、一人当たり一五～二〇回の面接を二日間かけて行う。面接を担当する社員の一人ひとりが、候補者の運用能力をあらゆる面から検証するのだ。「知的能力が高いからといって、優秀なアナリストになれるとは限りません」とラーソンは言う。「どんな時にも、さらにもう一歩突っ込んで調べてみよう、という姿勢があるかどうかです」

もっとも、こういうやり方に問題がないわけではない。多数の合意で決めるとなると、桁外れの天才的プレーヤーを排除することもありうるわけだ。ただ、ほとんどの社員は、これだけ時間をかけることで、候補者自身が本当にキャピタルに適しているかどうかを深く考えられる、と見ている。もちろん候補者の中には、長い面接に呆れて途中で帰っていく者もいる。

かつては必ずしもそうでなかったが、現在のキャピタルでは女性も男性と同等に処遇されていると言えるようだ。その背景についてマージョリー・フィッシャーは、創立期にまで遡って説明する。「ジョナサン・ラブラスには優秀な娘さんが二人いましたので、女性にも能力を発揮する場が与えられてしかるべきだと考えていたようです。一九五一年に私が入社した時、社員は一九名で、私は女性最初の専門スタッフでした。その後、ロサンゼルス・アナリスト協会で初めて女性の会員が誕生したと聞き、ぜひ私も入会したいと思ったものです」。彼女は二人目の女性メンバーとなり、後に女性初の会長に指名された。キャピタルでは今や、調査部長をはじめファンドマネジャー、顧客担当、その他の管理職に多数の女性が登用され、重要な役割を果たしている。

キャピタルでは、他人の仕事を引き継ごうと考える者は一人もいない。他人にはぴったりでも、自分に合うとは限らないからだ。新しい仕事を自分の能力や興味に合わせて生み出すことができれば、これ以上の喜びはないだろう。ロス西部にあるデヴィッド・フィッシャーのオフィスには、「人生の奥義を極めれば、仕事と遊び、労働と余暇の区別はなくなっていく」という禅僧の言葉を記した額がかけられている。

このように、キャピタルにおける経営陣の最大の責務は、効果的なチームプレーのできる優秀な人材確保にある。エネルギッシュで、倫理感が強く、個性豊かなスタッフこそが、求められる社員像ということになる。こういう人材を確保できれば、次の課題は、人材に合わせて組織をいかに変えていくかだ。しかし、個人に合わせて担当職務を決めるのは、組織が大きくなるにつれて難しくなる。特に定型作業の多い管理部門ではなおのことである。その点はコゥディも認めている。「しかし、できるだけのことはしようということだ。キャピタルが素晴らしいのは、社員に仕事を選ぶ裁量を幅広く与え、その上で成果主義を徹底しているところだ」

フラットな組織のメリットもある。会社の中核メンバーが、組織運営にあまり迷惑をかけずに外部の要職につける点も大きい。たとえば、シニアアナリストのゴードン・クロフォードは、親会社の非常勤会長を二年間務め、その後リサーチ部門に復帰している。「社員の転職率が極めて低いことも、キャピタルの際立った特色の一つだ」とボブ・カービィは言う。「何といっても、業界で最も働きやすい職場だからだろう。仕事のやり方も、個人個人に幅広く任されている」。毎年社員の二%が会社を去るが、そのほとんどは自然退職である。そのほか、退職率が低い理由としてあげられるのは、①採用時における十分な説明と理解、②手厚い報酬体系、③公正な人事評価制度[4]である。

数年前のITブームのさなか、キャピタルから三人のハイテク・アナリストが転出したことがある。ヘッジファンドに二人、ベンチャーキャピタルに一人。キャピタルにいても、こうした先端的な仕事はできないと考えたのだ。ITブームが去って、彼らはもう一度戻りたいと言ってきたが、キャピタルは認めなかった。彼らがお金を優先させたことを嫌ったのだ。キャピタルでは、一度辞表を出せば終わりという意味もあった。

個人の評価項目も時間をかけて作り上げてきた。社員一人ひとりが長期的に高い目標を達成するために必要とされる一〇の評価項目である。たとえば、アナリストは一〇人以上のファンドマネジャーから評価され、ファンドマネジャーは一〇人以上のアナリストから評価される、というようにバランスを取って作られている。誰もが同僚評価に参加し、評価者は先の一〇項目に加え、自由に項目を追加できる。各項目について五段階の評価がなされ、その結果が年一回、一時間以上かけて個別に説明される。「みんな良

（4）数年前に行われた社内アンケート調査では、高給で引き抜かれたケースはほとんどなかったが、上司から十分関心を持ってもらえなかったので転職したという例が散見された。

くやっていても、どこが良くて、どこに改善の余地があるか知りたがっています」とラーソンは言う。「こうしたプロセスを通じて、人事考課の客観性を高めています。会社にとってはここが肝心なところだわ」

毎年の自己評価と客観的人事考課。さらには、個々人の最適職種配置を目指す「フランチャイズ・プラン」。社員一人ひとりが最も効果的に貢献できる分野を見出せるよう、会社として万全な支援体制を築き上げているのだ。シャナハンは言う。「要するに、『能力を最大限発揮しよう』ということだ。そのために何をすればよいのかは、本人にしかわからないが、会社はそれを後押ししていく。社員が一〇〇人いても、会社としては一人ひとりを特別な個人として見ていることをわかってほしいと思う」（最近、五〇人の幹部職員を選んで、将来の経営者教育の一環として、相互評価する制度が新たにスタートしている）。

キャピタルのアナリストは、業界平均と比べ極端に経験年数が長いことで知られる。その効果はいろいろな面に表れている。担当企業・産業の技術や経営陣の状況について十分な知識を持つだけでなく、将来の方向性についても深い見識を持てるようになる。お互いの気心も十分に知れているため、コミュニケーションもよく、突っ込んだ議論も十分できる。したがって、優秀なアナリストを失えば、それはその人一人の損失にとどまらない。そのアナリストが持つ外部の人的ネットワーク全体、そこに凝縮された業界知識や経験をすべて失うことになるのだ。だからこそ、キャピタルの転職率の低さは、競争上も極めて有利に働いていると言えよう。

チームプレー重視の人材採用に傾斜しているからといって、キャピタルが競争心の強いアグレッシブな人材を採用しないわけではない。そうした社員も少なくない。ただ方針として、最大限の成果と協力を生み出すために社内の競争を最小限に抑え、エネルギーを外部の競争に集中させる組織づくりに努力してきたのだ。だから、こうした野心的なスタッフを異なった環境のもとに置けば、まったく別の対応を示したに違いない。(5)「自分のしたい仕事に、これだけ自由に打ち込める環境はほかにないだろう」。日本代

(5) キャピタル内部でも、「政治的な」動きがまったくないというわけではない。そういうややこしい状況が生じれば、長期的な視野を持った歴代リーダーたちがまとめ役に回った。ジョン・ラブラスも長い間、その役目を果たしてきた。今日では、ジム・ローテンバーグ、デヴィッド・フィッシャー、マイク・シャナハン、それにラリー・クレメンソン(グループCOO)などが意見のとりまとめを行っている。重要な課題については議論に議論を重ねるため、当初案がそのまま実現するのは稀だと言われている。

表のパーカー・シムズは語る。「キャピタルに欠点がないからではなく、改善していこうとするみんなの気持ちが強いから、楽しい雰囲気になっているんだと思う。政治的な動きや官僚的なやり方を目にすることはほとんどないから、本当の意味での成果主義を目指せる職場なのだ」

「客観的に見て正しい、ということがキャピタルでは最も尊ばれる」とハートは強調する。「ウォール街の投資銀行であれば、良くも悪くも企業にアイデアを提案し、その案件をまとめるために、他人を無理にでも説得できるアクの強さが求められる。キャピタルにはそんな押しの強い人材はいらない。冷静に客観的に説得できればそれでよいのだ」。客観的基準が重視されていることがよくわかるのは報酬体系だ。過去四年の運用成績の移動平均にリンクしたもので、直近年度から四〇、三〇、二〇、一〇のウエートをつけ、加重平均を出して計算する単純な手法だ（第14章参照）。

「株のアナリスト・グループを管理するのは、一〇代の子供を抱える親たちと似かよったところがあるのです」とラーソンは語る。たとえば、各自に明確な目標を与えることが大切である。一方で、個人攻撃になるようなことは言ってはいけない、といったルールを教える必要もある。できるだけ自由に仕事をやらせることも考えなければならない。さらに大事なのは、彼らの話に耳を傾けること。彼らにたくさんの質問を浴びせ、どんな答えが返ってくるのか、どんな答えが返ってこないのかを慎重に聞き分け、答え方そのものにもよく注意を払う。ラーソンは続ける。「もっとも、言われたことすべてを聞いたり覚えたりする必要はないわ」

キャピタルが求めるのは、自分自身のことを注意深く分析できて、前向きにとらえられる人材だ。「なぜなら」とフラートンは説明する。「人は自分に対しても、同僚に対しても、顧客に対しても、明らかな間違いを犯すことがある。その時、自信のない人は間違いを自分で改められず、それを繰り返す傾向がある。己をよく知り、前向きに対処できる人でなければ、運用業務には向かないだろう」

キャピタルは失敗から学ぶという意味でも、間違いを犯した時の精神的な支援を重視している。運用成績には基本的に波があるということを十分理解し、それを現場に役立てようとしているのだ。多くの好不調を経験しているベテランのファンドマネジャーなら、成績が上がらない時の同僚の気持ちも十分くみ取れる。

一九六〇年代の初め、運用成果の低迷に悩むビル・ニュートンは先輩たちから心温まる励ましを受けた。その時のことは「一生忘れられない」という。複数マネジャー・システムをとるキャピタルでは、個人別の運用成績は公表されないが、生涯を通じたニュートンの成績は業界でもトップクラスだった。そういう一流プレーヤーがキャピタル社内には何人もいたのである。

成績不振のファンドマネジャーに対し、会社として忍耐強く対応できる理由は、採用時に、その能力を徹底的に検証し確認しているからである。だからこそ、潜在能力をまた発揮していけるように、周りも応援できるのだ。

「我々は発想の独自性を高く評価する」とフラートンは言う。「ただ、どんな素晴らしいアイデアも、実際に使われなければ意味がない。資産運用ほど、アイデアの生まれる過程でいろいろ議論するビジネスは他にないだろう」。特に重要な投資判断に至るコミュニケーションでは、他人の意見をくみ取る能力が決定的な役割を果たす。そのために、お互いの信頼が欠かせないのは言うまでもない。もちろん、効果的なコミュニケーションは、情報の出し手と聞き手の能力次第なのだが、よく聞いていなければ成り立たないという意味では、聞き手の能力で決定されると言ってよい。優れた投資のアイデアといっても、当初は結構崩れやすく、また明快に説明できないものも多い。だから、みんなでそれを前向きにとらえ、お互い利用していこうという機運がないと、なかなか形になっていかないものだ。

キャピタルでは、愛想がよいだけで採用されることはないが、どんなに優秀でも、他人を傷つけるようなタイプは避けている。ハワード・ショーは、今ではショーの法則と言われる採用ルールを主張してきた。「すこぶる優秀で、少しでも好かれる可能性のある人物なら採用すべきだ」

社員は決して人前で叱責されることはない。一度心が傷つけられると、その後のコミュニケーションにかなり影響するという考え方からだ。それでは「社員に甘過ぎやしないか?」という疑問も出そうだが、たとえば、「去年はこんな失敗をしたので、今年はこうしようと思うが、どうだろうか」という形で過去の失敗を認めたりして自省するようだ。

企業では製造部門だが、キャピタルではリサーチ部門が中核的役割を担っているとラプラスは見ている。コゥデイも同じ見方だ。「リサーチが常にキャピタルの中心だった。これからも変わらないだろう」。ラプラス、フィッシャー、ローテンバーグ、シャナハン、いずれもアナリストの出で、今でも経営幹部としてよりは、運用のプロとしてより多くの時間を割いている。そして、リサーチ部門の周りに、上下の隔てない業務をバランスよく組み立てている。また各部門の組織も基本的にフラットである。もし通常の運用会議に出席し、目をつぶって発言を聞いていれば、誰が経験二〇年のベテランで、誰が新入りなのかもわからないほどだ。

従来キャピタルでは、ジュニアアナリストからアナリストへ昇進し、その後ファンドマネジャーに転進するのが一般的だったが、これが見直されたことでキャリアアップの幅が広がることになった。調査担当者からアナリストへ、さらに上級のシニアアナリストへというルートができ、処遇面でも従来の制度と遜色ない形で調査活動を継続する道を開いたのである。また、アナリストとファンドマネジャーの兼務職も作られた。トップアナリストの一人であるゴードン・クロフォードは、フルタイムのアナリストを二〇年間務めた後、希望してファンドマネジャーを兼ねることになった。さらに彼はグループ本社の取締役を約二〇年間務め、最後の二年は非常勤の会長職にあった。これだけキャリア選択の余地があれば、若手社員にとっても非常に励みになる。

キャピタルでは、トップダウンの指令よりも、個々人のアイデアに対する情熱が会社を動かすと固く信じられている。社員の創意・工夫が奨励されるのはそのためである。しかも、新しいビジネスの開発には資金を惜しまなかった。同時に、企業が成長する中でもそういう機運を守り、企業文化が均質化するのを防ぐために〝変わり者〟も大事にし、そうした人材の採用にも熱心である。

「キャピタルは強烈な個性の集まりだ」とローテンバーグは言う。「この業界では自己中心的な傾向が避けられない。しかし我々は、できるだけ個人プレーのイメージを消そうと考えている。ジョン・ラブラスがよい模範だが、決して彼は『私は』という表現をしない。キャピタルが同業者の中でさえ過小評価されていることを、むしろ我々は誇りにしているのだ」

個人的な名声や評判を意識的に避けるというのは、キャピタルの文化の基本的特徴の一つである。社員はなるべくマスコミと接触しないように言われており、外部の評価はあまり気にしない。あるいは気にしないようになっていく。新聞に名前が出ないようにするという方針は、企業にとっても個人にとっても異例なことかもしれない。

業界ではスター・プレーヤー中心の評価をしているが、キャピタルのいき方はこれと正反対である。その結果、スター志向のファンドマネジャーはもともと入社しないか、入ってもすぐに転職してしまう。この方針のおかげで、スターになれた勝ち組ファンドマネジャーと負け組の間の分裂や抗争が生まれるようなことがない。

何年か前、ある有力経済誌がユーロ・パシフィック・ファンドの特集記事を計画し、広報担当部長のジョン・ローレンスに電話をかけてきた。ローレンスは即座に断った。「しかしですね」とレポーターは食い下がった。「最良のファンドという記事を組みたいのですよ」「それじゃますます駄目だ。人気が出て値上がりしてきた時は、投資タイミングとしては最悪なものだ。そんな時に宣伝めいたことはできない」。しばらくして、そのレポーターからまた連絡があり、「カバーストーリーにとり上げたいのですが」と言うのを聞いて、ローレンスはきっぱりと、「それじゃ絶対にお断りだ」

社員に割り当てられるオフィスの広さや豪華さなども、地位のシンボルとなりやすい。そこでキャピタルは、この点にも徹底した平等主義を貫いている。東京、ニューヨーク、ロンドン、シンガポール、ロサンゼルス、ジュネーブのどこに行っても、オフィスの広さもレイアウトも装飾も同じにできている。明るいグレーの壁にブロンド色の木枠が使われ、壁にかけられた絵画は、内部の委員会で選ばれた現代抽象画だが、いずれも落ち着いた雰囲気のものだ。外壁はガラス窓が多く、採光も十分。角の部屋は最高幹部の部屋というイメージが強いため、個室としては使わず、会議室やトレーディングルームに充てられている。

キャピタルでは古くからジョークを楽しむ伝統が根づいている。たとえば、一九八九年にシンガポール・オフィスを開いた時のこと。ドン・コンラン[6]は国際感覚に溢れ、地元の事情を重視する一方で、本社の平等主義の信奉者でもあった。そこで、一緒に赴任したマーク・デニングは、彼をからかってやろうと思ったのだ。本社の方針では角部屋は個室に使えない。シンガポールでは、中国の「風水」の影響が強く、その道の専門家が新しいオフィスや家の方角を占い、悪霊の祟りを逃れる方法を教えてくれることになっている。そこでデニングはチャンスとばかり、風水の専門家がデニングのオフィスは海を見下ろす最高の角部屋でなければならないと言っており、この地方独特の慣習を尊重し、ロスの慣行の例外とすべきだとコンランに進言したのだ。デニングが大笑いして種明かしをするまで、コンランは本社と地元の板挟みにあって、困りきっていたものだ。

一五年前、キャピタルはロスでも最高級の高層ビルの数フロアを取得した。もともとはセキュリティ・パシフィック・バンク本店の上級幹部のオフィスだった。当時、同行は全米大手の一角を占め、その本店の装飾は贅の限りを尽くしていた。大寺院のような輝くドーム型の天井。五三階から五四階へ延びるきらびやかな階段。幹部の個室も絢爛

(6) 後にコンランはグループの社長に就任している。

豪華と言ってよかった。しかし、ここに入居したキャピタルは、贅沢な設備を一掃した。天井を普通の高さに戻し、個室の広さも大幅に縮小して、銀行の時代と比べて四倍の人数の幹部とスタッフが入ることになった。ロスの一流の超高層ビルでは、主要テナントがビルの屋上に広告塔を出すのが慣例だった。当然、キャピタルにもその話がきたが、すぐに断っている。「名前を出さないのがキャピタルらしいところなのだ」

グローバル運用は本来極めて複雑な組織を必要とする。しかし、キャピタルは組織を効果的に機能させるために、適正規模のチームを維持することにこだわってきた。会社が大きくなるたびに、何度も組織を分割した。同僚が仲間のことをよく理解し、自分の行動の結果をすぐ把握できるようなサイズを目指した。グローバル運用に必要なプロの数が三〇人を超える場合であっても、アナリストとファンドマネジャーのチームの最適規模は普通三〇人以下だ。同様に、投資家向けサービスセンターの適正規模は、管理職が部下全員を掌握できるという意味ではせいぜい五〇〇人どまりだろう。

運用資産が巨大化し、さまざまな国籍や経歴の人が働くようになると、キャピタルにとっても、コミュニケーションの維持・改善を図るのが極めて大きな課題となる。しかし、Eメール、テレビ会議などの通信技術の進展は目覚ましい。キャピタル・グループでも、世界中をつなぐテレビ会議は定期的に開催され、中身の濃いアナリスト・レポートはインターネットを通じて世界中で読むことができる。毎日、何本ものインターネット・ニューズレターが全世界に配信されている。リサーチ・ジャンボリーと呼ばれるアナリスト会議では、多くのアナリストが定例的に意見交換することもできる。おそらく最も特筆すべきなのは、テレビ電話の利用が多いので、電話会社との間で常時接続のフラット・フィー制度を採用していることだろう。

情報交換もさまざまなレベルに及ぶ。たとえば、共通の関心と責務を持つ各国駐在のアナリストの間では、ハイテク・グループのような集まりを作って、二週間に一度電話会議で意見交換したりする。あるいは、欧州の企業をチーム全員で訪問し、お互いの情報を交換したりする。こうしたグループがメキシコに集まっていた時に、通信分野で世界的な後退の兆しがあることを察知したという。株価が下げ始める数カ月も前のことだ。

さて、歴史上、今日の機関投資家ほど、企業・産業・経済・政治の状況について幅広く専門的な情報を保有しているグループはないだろう。常時、企業のトップや政府高官、一流エコノミストや産業の専門家と対話をし、そこから集めた第一級の情報を蓄積し、世界中のどこからでも瞬時にアクセスできる効率的なデータベースを作り上げている。

彼らは同業者とも強力なネットワークで結ばれ、莫大な資産を運用することで社会的にも尊敬を集めている。

ところで、彼らの間でよく聞かれるジョークがある。彼らは自由に企業業績を評価し、経営を批判するのが商売なのだが、実は自分たちの会社は、決して彼らが他人に要求する水準には達していないというのだ。業界には「資産運用ビジネスは人が財産」という言い古された文句もある。しかし、実態はそれとはほど遠い。ほとんどの組織の統制は乱れ、場当たり的ですらある。多くの場合、人材採用にも方針がない。能力強化は個々人の努力に委ねられ、人事考課が建設的に調整されている例はあまり見かけない。給与・ボーナスの処遇もほとんど説明されず、しかしそれが今後の昇進を推し量る、ほとんど唯一のメッセージとなっているのが実情なのだ。

ファンドマネジャーの世界では一流のプレーヤーはスター扱いされ、成功した場合の報酬は桁違いである。そうなると、自分の考えだけが正しいと思い込み、また激しい運用競争の結果、自己中心的な発想に陥りやすくなる。その意味では、キャピタルの「高度知識労働者」の管理の仕方は極めて異質なものと言えるだろう。

それでも、キャピタルの挑戦は続く。企業が大きくなればなるほど、スタッフは人種、性別などあらゆる意味で多様化し、進出する市場もますます広がる。それにつれて人事・運用面などでの重要な意思決定も、質量ともに高度化していかなければならないのだ。キャピタル経営陣の直面する課題は果てしなく続く。

第13章　組織図のない組織運営

「我々は顧客から最も優れた資産運用会社として認められたい、と考えている」とデヴィッド・フィッシャーは言っている。「ここで『最も優れた』という意味は、受託資産額で『最大』ということではない。また、『顧客から』認められたいのであって、『世間一般から』認められたいわけではない」

続けてフィッシャーは、「最も優れた」というのはあくまで顧客の目から見たものだと言う。運用成績が常に最優先課題ではあるものの、機関投資家の顧客はキャピタルの専門家との対話を望み、個人投資家も質の高い情報サービスを求めるからだ。だからキャピタルは、卓越した長期運用成績を追求する一方で、サービスの強化も怠らない。ジム・ローテンバーグは言う。「運用でボトムアップ・アプローチを取る際も、こうした基本的な考えに基づいて、組織や人のマネジメントを組み立てていく(1)」

こうした目標に長期的に取り組むうえで、キャピタルが非公開会社であることは有利に働く。株主の短期的な利益要請を満足させるために、人員削減やボーナス・カットなどをする必要がないからだ。それどころか、逆に不況期に採用を増やしたり、新戦略に打って出ることができる。フィッシャーが言うように、「非公開を続けることは顧客の利益にもつながる」のだ。

「運用会社の経営の形は会社ごとに違う」とローテンバーグは説明する。「それぞれ会社の目標や風土に沿って、独自に形成されていくものだ。我々は毎年、過去一〇年間の平均リターンというモノサシで見て、立派な成績をあげていけば、顧客にもきっと我々の価値がわかってもらえると信じてきた。結果的にはこれでよかったと思う。こういうビジネスのとらえ方をしているのは、業界ではキャピタルくらいかもしれない。しかし、そう考えるのでなければ、単に付加価値の薄い、量だけで稼ぐ資産吸収・管理業になってしまう」

小規模な運用機関であれば、その目標は一般に単純である。優れた実績をあげ、それによって新規顧客を獲得することだろう。ところがその規模が拡大してくると、それほど明快ではなくなってくる。ほとんどの大手運用機関は、運用能力の向上よりはビジネスの拡大に軸足が移っていき、「トップグループ」を目指していた運用成果に対する関心も、「上位」の水準を確保していればよいという方向に変わっていく。企業としては、顧客に解約されない程度の成績を維持できれば、持てる力を受託資産の新規獲得に集中させ、利益拡大を目指す方が望ましいということなのだろう。

ほとんどの運用会社は、少なくとも内々では、その業務を資産吸収・管理ビジネスと定義し、その最大目標を収益の拡大に置いている。まことに遺憾ながら、大多数の運用会社は建前と本音を使い分けているのだ。顧客向けには最高の運用成績を追求すると言いながら、実は収益拡大こそがあらゆる主要な意思決定と行動を律しているのである。

一般に言われるピラミッド型の組織構造はキャピタルには存在せず、もしあったとしてもほとんど目立たなかったろう。「キャピタルには組織図というものがない」。ボブ・コゥデイは自慢げに言う。「そんなものには縛られたくないのだ。一度、経営コンサル

（1）全米アナリスト協会（AIMR）主催のセミナーManaging Investment Firms : People and Culture (1997)

タントが来て、何とか組織図を作ろうと必死になったことがあるけど、結局、諦めてしまった(2)」と笑う。

このフラットな組織はどう運営されているのか？　まず日常業務については、数百人の社員が決定権限を持っている。そして、長期戦略と組織全体の課題については五つの委員会が取り組んでいる。業務運営委員会が二つ。戦略・事業計画と管理業務を担当する。運用委員会が二つ。投信業務と機関投資家業務を担当する。これらの委員会は毎週一回開かれる。五番目の財務委員会は、社員の処遇と自社株保有制度を担当する重要なものである。

では、誰が経営事項を実質的に決めているのか？　そう聞かれてマイク・シャナハンは、こんな答え方をしている。「それはテーマによって違う。時には一〇人で決める場合だってある(3)。結局、運用は人に極端に依存する仕事だから、世の中で言われるような経営陣の担当業務といった考え方はしない。キャピタルでは、マネジメントとは経営者のことではなくて、『プロセス』を意味している。決定権者が誰かと聞きたいなら、まずどの問題についてなのかを明らかにしてほしい。そうすれば多分三、四人、その問題に当たる人の名前をあげられるだろう(4)。我々の経営手法は、日本的経営のような、コンセンサスづくりを基本にしている」

この点をティム・アーマーは次のように説明する。誰かがジョン・ラブラスに何か提案したとする。その時、ジョンはこう反応するというのだ。「まず彼と彼と彼と、よく相談してもらいたい。次に誰と誰と誰と、考えられる結果について相談してほしい[5]」

組織の変更は随時行われていく。数年間何の動きもなければ、次の変更は近い。誰も変化を好まないにしても、組織の硬直化を避けるうえでは最善の手法と考えられている。「我々が経営目標を達成し、夢を実現するうえで、組織の変更は避けて通れない」とフィッシャーは強調する。「もちろん、変化には抵抗がつきもので、それに手こずることも少なくない」

(2) 投信の管理事務を担当するアメリカン・ファンド・サービスでは、大量の事務処理を正確にこなす必要上、ピラミッド型の組織図があったことをティム・ワイスも認めている。それでも、「そうした形で動くことはめったになかった。事務処理部門でさえ、組織は実質的にフラットだった」という。

(3) *Forbes*, August 28, 1995, p.143.

(4) *Wall Street Journal*, "Capital Group Isn't a Household Name", July 9, 1992.

(5) "Capital Appreciation" by Christopher Oster, *Smart Money*, March 1999, p.3.

適宜、一〇以上の委員会を設け、新たな分野について議論を重ね、コンセンサスづくりに努める。できるだけ多くの質問や意見をくみ上げながら、あとから批判が出ないようにしていく。「これから何を一番したいのか、多くの社員に聞いて回ることにしている」とシャナハンは言う。「彼らの新しい業務にかける情熱や、やる気がどのくらい浸透しているのかをつかみ、それに合った事業分野を作り出すためだ」

ジェイソン・ピララスは言う。「組織における権限とは、組織を変える権限のことだと思う。運用会社の場合で言えば、運用手法を変える権限のことだ。キャピタルでは、そのかなりの部分が現場の若いアナリストに与えられている。最も有効な投資判断を行うためにどうすればいいのか、彼らは日夜知恵を絞っている」

キャピタルは会社が巨大化するにつれ、組織が官僚的にならないようにも気を配っている。「その点はみんな強く意識している」とフィッシャー。「しかし、官僚的な動きを早めにとらえるのは難しい。ただ、『キャピタルには上下関係はない』とか、『その問題は誰の担当でもない』とか、『それはコントロールできない』などと、誰かがバカなことを言い出すようになったら要注意だ。経営目標をきちんと達成できる組織になっているかどうか、絶えず点検しなければならない」

「キャピタルでは何事も答えは一つとは限らない。この伝統は守っていきたい」とフイッシャーは言う。「唯一の『真理』などないのだから、どんな質問をしようとも臆することはない」。自分の意見に対して厳しい質問を浴びせられると、入社したての社員ならびっくりするだろうが、実は、高く評価された証拠なのである。「異なった意見を受け入れ、時に奨励すること。そして、いつでも決断できて、その結果に対して責任を取る覚悟ができていることが、キャピタルの強さだと思う」とマーク・デニングは要約する。「それが例を見ないフラットな組織として結実しているのだ」

キャピタルにとっては、どうやって世界最大級のグローバルな運用会社として、最も有効な投資判断の仕組みを作り上げていくかが大きな課題である。(6) フィッシャーは語る。「今日のように急速に変化する環境のもとで、どうすればうまくいき、どうすればうまくいかないのか、議論を重ねてきた。組織運営について最も〝効率的な〟答えが、必ずしも最も〝有効〟とは限らない。どちらかを選ばなければならない時には、我々は常に最も〝有効〟な案を選択してきた」

（6） AIMR, Managing Investment Firms

「グローバルな組織は、常にマーケットと顧客の状況を〝現場で〟直接把握しなければならない。そして同時に、客観的な投資判断を行うには、市場からある程度〝距離を置いて〟ものを見る必要がある。有効な投資判断を下すにはこの両方の視点が欠かせないのだ」

「国際的にビジネスを展開するとなると、人材の面でも多様化が避けられない。今日では、アナリストの四〇%以上はアメリカ以外の国籍を持ち、アナリストとファンドマネジャーの生まれた国は三八カ国にのぼる。職場はカナダ人、チリ人、フランス人、ドイツ人、アメリカ人、ブラジル人、中国人、アルゼンチン人、インド人とバラエティに富んでいる。使われる言語は四〇にもなる。ここでは文化も言語も一つだけでは通用しないのだ」

個々人のインフォーマルな対話や協力関係をできるだけ有効に機能させることも、組織内のコミュニケーションの妨げとなる要素を取り除くことも、ともに重要な経営課題である。数年前、ジョン・ラブラスは運用関係者のために数日間、合宿を開いたことがある。その夜、ラブラスは部屋の隅に静かに座り、多少意地悪と思われるような質問をさりげなくぶつけたりした。いつもとは違う雰囲気の中で、違った視点から率直な意見交換を求めたのである。こうした合宿を頻繁に設けることで、投資や組織の問題をめぐる新しいアイデアや情報、発想をみんなで共有し合ってきた。

キャピタルでは積極的に異論を唱えることも、意思決定に対する大事な貢献だった。幹部の多くはかなりの個性の持ち主であり、物腰や考え方は結構違っていた。たとえば、人柄の優しいジョン・ラブラスは断定的な言い回しをしない。一方、マイク・シャナハンは不愛想で、大胆かつ直截的な表現を好んだ。性格的には正反対だったが、二人はウマが合った。「私が入社した頃の話だが」と恥ずかしそうにシャナハンは打ち明ける。「ジョンは何もわかってないという感じだった。しかし、そのうち彼が素晴らしい判断力の持ち主だということがわかった」。ドン・コンランも説明する。「一つの会社に二人の天才がいることはめったにない。でもキャピタルは例外だ。ラブラス、シャナハンという二人の天才に恵まれている」

複雑な問題が発生すると、まず議論をする前に、二人は解決策に思いをめぐらせる。二人とも別々に、あらゆるケースについて展開を考える。極めて理詰めに、大事なことだけに焦点を絞って、表面的なことや感覚的な面には決してとらわれない。そうして多くの質問をみんなに投げかけながら、議論をリードしていく。

シャナハンとラブラスは、ほとんどの場合、社員のアイデアを実現させるために舞台裏で動く。だから、その経営手法を見るだけでは、彼らが何をしているのかわかりにくい。シャナハンには哲学的な一面がある。「バランスのとれた中庸を目指す経営は、長期的にはあまり面白くもないし、ビジョンに満ち溢れたものにも見えにくい。しかし、個人個人へのきめ細かい配慮と結びつけば、素晴らしい成果があげられる」。もっとも、後に述べるように、いつもうまくいくとは限らなかった。

彼らのような偉大なプロの優れた点は、次の世代を育てながら経営を進めていけることだ。個々の意思決定に若者を参加させることで、企業の文化や価値観は受け継がれていく。先輩たちが現実の問題を前にして、時に相反する価値観やデータをもとに難しい判断を下し、時には失敗する姿を目の当たりにして、生きた勉強をするわけだ。

意思決定の権限が広く委ねられている企業では、逆にその集中化を図ることで、スピードや変化への適応を高めることができる。一方、中央集権的な企業の場合は、権限の分散が効果を発揮するものである。一九六〇年代を通じて小グループへの権限委譲を進めてきたラブラスは、情報やアイデアのいっそうの共有化を進める時期が来たと感じていた。しかし、特定の個人の能力に依存しないような組織に、卓越した人材を抱え込むというのは、いかにも難問であった。

キャピタルを代表するファンドマネジャーの一人、ハワード・ショーは、それまでの小グループ制に大賛成であった。彼のスタイルにもぴったりで、しっかり掌握した少人数の精鋭チームを作り上げてきたからだ。しかし、情報を共有しようとするラブラスの考え方には同意しかねた。なぜチームの優れたアイデアをみんなに教えなければならないのか？　ショーは一九八一年から八二年にかけ、エネルギー株にいち早く見切りをつけることで、目覚ましい成績をあげていた。ラブラスはこうした大事な発想を、キャピタル全体で活用したいと考えたのだ。しかしショーにとっては、それが理解できなかった。それにショーは、自分のチームがＡＭＣＡＰやＩＣＡ、アメリカン・ミューチュアルのファンド運用を継続したいと思っており、この点でもラブラスの考えとは食い違った。ショーには、アイデアを社内で共有しようという発想はまったく無意味に思えた。

二人の主要幹部の間では、いつまでたっても合意が生まれそうになかった。組織上の重要な問題だけに、会社全体にとっても早急な解決が必要となっていた。情報共有は会社の発展のために不可欠で、全員がそれに協力すべきだと考えるラブラスに対し、ショーは一人ひとりのユニークな発想こそが大事であって、核になる人材を中心に組織を考えるべきだと主張した。ラブラスも優秀な人材を大切に考えていたが、特定の誰かに依存しない組織を作ろうとしていた。

膠着状態にある事態を打開すべくラブラスは努力を続け、ショーにも忍耐強く説得した。しかしショーのほうは、次第にこの問題の解決は無理ではないかと思うようになってきた。むしろ彼自身の思想に合った自分の会社を立ち上げたいという希望が膨らんできた。自分の名声と運用実績をもとにすれば、魅力的な会社ができるのではないか、と。

しかしショーは、その気持ちを誰にも洩らすようなことはしなかった。

ラブラスとショーは二七年間ともに働き、会社を発展させてきた。お互いを深く尊敬し、精神的にも強い絆で結ばれていた。この重要な案件についても互いに熟慮を重ねていることをよくわかっていた。ラブラスは、ショーの意見と相容れない多くの社員にとっても納得できる解決策が必要なことを意識していた。なかにはショーを嫌う者や、ショーが辞めれば彼の持ち株が再配分されると期待する者もいた。また、ラブラスはショーに甘過ぎるのではないかという意見も出てきた。

ラブラスはとにかく粘り強く、一年以上かけて当事者すべてが賛同できる解決策を模索し続けた。ショーもラブラス同様、あらゆる可能性について検討を加えていった。何とかこの問題を解決したいという思いは一緒だった。

ある日、身内の結婚式で顔を合わせた折、ショーはラブラスに近づき、

「あの話は何とかなりそうか？」

「なかなか名案が浮かばなくて……」

「もしかして無理と思っているのか、それともあと一歩まで来ているのか？」

「できればそう言いたいところだが、正直なところ、まだ目途が立っていない。もう少し時間をかけて、何とか答えを見つけたい」

「うーん、そうなると、いったいいつまで、何を待っているのかもわからないのでは、待ち続けるわけにもいかない、ということになる」

「……」

どうやら解決策は見つかりそうにもなかった。ここからショーは、のちに彼がプライムキャップ[7]と名づける新会社の構想を練り始めるようになった。一方、ラプラスは依然として特定個人の能力に依存しない組織作りを考え続けた。


これまでキャピタルは、社内での徹底した議論と合意をもとに、業界でほとんどの会社がやっていることを「やらない」、という意思決定を何度となく行ってきた。事実、キャピタルの重要な意思決定のうち、少なくとも八割は「ノー」だ。考えに考え抜いた末に到達した結論なのである。だからこそキャピタルは、重大な失敗をほとんど犯してこなかったという、輝かしい歴史を持っているのだ。

最近の例で、積極的に「実行する」と判断を下したのは、一九八五年のエマージングマーケット業務への進出と、一九八八年のルール12(b)-1項に基づく、投信販売証券会社へのサービス手数料制度導入の二つがあげられよう。特に後者をめぐっては激しい議論が行われたが、キャピタルの決断が今では業界の主流となっている。

「実行しない」決断の代表例としては、

- ハイイールド債投信（一社への依存が強すぎるという理由）
- 期待の高かった個人向けエマージングマーケット投信
- 多くの競争相手が取り上げた「国債プラス」型の債券ファンド

などがある。

ラプラスは物事を単純に決めすぎることの弊害を十分認識していたので、結論を急がず、途中の曖昧な議論のプロセスを大切にした。「ジョンはキャピタルのビジョンについても、はっきりしたことを言った試しがない。どちらにでも進める余地を残しておきたかったからだ」とローテンバーグは説明する。「ビジネススクールでは明快で断固とした決断の仕方を教える。でもジョンは、より適切な意思決定を最優先に考えているから、そのプロセスを常に弾力的にしておこうと心がけていた。会社にとってより良い対案はないか、いつも考えていた」。そして、個人的な感情のしこりが残らないようにも気を配っていた。

「ジョンは会社の利益を常に優先させていたと思う」とアーマーは言う。「そして顧客・社員・株主の三者に尽くすという、一九六三年に決めた経営目標を達成するために、率先して行動してきた」

（7）なぜショーが会社を辞めたのか？　その理由について関係者の記憶はまちまちである。キャピタルに残ったスタッフは、ショーが自分流の運用にこだわりすぎ、必ずしもＩＣＡなどに適さない銘柄に固執したからだと言う。ショーの「キャピタル分割案」が僅差で敗れたことも、理由の一つと見られている。その点についてジョン・ラブラスは、「今回の決定はショーだけの問題でなく、ほかのファンドマネジャーがどう考えるかにも重要な意味があった。ただ、ショーは自説を曲げなかった。もう少し我慢強くやってくれれば、何とかできたと思うのだが」。一方、ショーの友人たちによれば、ショーはもともと辞めるつもりはなく、ラブラスがもう少し強く引き留めれば辞めなかったと言う。ラブラスはショーとの直接対決を避けるため、シャナハンに仲介を依頼したのだが、それがショーの目には、ラブラスが問題解決の熱意を失ったと映ったようだ。その後、ショーの設立したプライムキャップは素晴らしい運用実績をあげている。今では二五〇億ドルの資産を抱え、ファンドマネジャーとしてのショーの腕も高く評価されている。

ラプラスはまた「言葉」を大切にし、使う時は注意深く選んだ。一度、誰かが「リオーガナイゼーション」(組織変更)と言うと、「むしろ『リストラクチャリング』(会社の構造変革)と言った方がいい」と注意したこともある。だからキャピタルの中では、「投資商品」は「投資サービス」と言われ、「投資パフォーマンス」では俳優の世界のようだから、「投資成果」と呼ぶことにしている。

キャピタルは極めてフラットな組織だ。カービィは言う。「ジョンはものの考え方でも、気持ちのうえでも、〝ボス〟にならないよう気をつけていた。周りからもそう見られないように行動していた。要するに〝ボス〟が嫌いだったのだ。だから、いわゆるCEOのような役割は果たしていなかったと思う。それでも経営上、本当に必要な場合には『ノー』と言ってきた。ただ、何か問題になることがあれば、必ずその人のオフィスにやって来て、『よく話し合ってみよう』と静かに語りかけてくる」

「そしてマイク・シャナハンの時代になると」とカービィは続ける。「マイクはタイミングよく、ぎりぎりの決断をしていった。ぐずぐずと結論を延ばすことは決してなかった。[8]一両日中に決めようと言えば、必ずそうした。みんなはマイクが公平な人間だと信じていたから、その決断は広く支持された。ローテンバーグも、同じタイプだと思う。決断力があり、とても公平だ。それでも、シャナハンは社内にいることがめったになかったので、時々その方針が支持されないこともあった。たいてい、事前の相談や根回しがなかった場合だ」

シャナハンは持ち前の洞察力と創造力をもって問題の答えを引き出していった。「そのため、多くの社員が何でも問題を持ち込んでくるようになってしまった」とグレアム・ハロウェイは言う。「でも、マイクはその手には乗らなかった。相手の話を聞いて、上手に質問をしながら、結局、問題を元の持ち主に押し戻してしまうんだ」。マイクはできるだけ社内にいないようにしていたが、(9) そのため社員の中には、相談に乗る時間を減らして自分の好きな運用に時間を割いているのではないか、と勘ぐる者もいたほどである。

キャピタルにおけるリーダーシップは、自然発生的に生まれ、絶え間なく進化してき

(8) シャナハンはいくつかの重要な意思決定で中心的な役割を果たしている。一九七一年のベンチャーキャピタル進出、翌年のキャピタル・ガーディアン・トラストの再建、アメリカン・ファンド販売会社の合併などである。

(9) シャナハンはほとんどの時間をパームスプリングス近くの砂漠の家か、アロウヘッド湖の山荘で過ごしていた。「本当のところ、空港の雑踏や顧客との気まずい打ち合わせは好きじゃないんだ」

たと言える。だから、幹部社員は折にふれて、「キャピタルで尊敬され信頼に値するのは誰か?」「どんな状況でも冷静に決断を下せるのは誰か?」「自分の母親の資産を預けられるのは誰か?」といった挑発的な問いを浴びせられるのだ。

困難な時になればなるほど、リーダーはその能力を試される。シャナハンは言う。「激しい下げ相場に遭遇すると、その人が過去に何を学んできたかが一目瞭然となる。そうした時に、長期的な視野を失わずにいるのは誰か、周囲への配慮を絶やさないのは誰か、じっくり観察している」

シャナハンはまた「心配性」でもあった。人々が長期上げ相場に酔いしれ、一五〜二〇%のリターンを当然のことのように思い込んでいた一九九〇年代末にも、大きな不安を抱いていた。株式市場がこれだけ長い間、これだけ上昇したことは例がなく、この先も長続きするとは到底思えなかったからだ。もし投資家が突然大きな下げに見舞われれば、一斉に投げ売りに走るだろう。それは市場の暴落を招き、株式市場と経済全体を巻き込み、そして投信市場へ、ひいてはキャピタルにも深刻な影響を与えずにはおかないだろう。それがシャナハン流の心配であった。

心配と言えば、企業の倫理や誠実さをめぐる問題もある。「私が入社した頃は」とコゥデイは振り返る。「キャピタルはあらゆる面で非常にレベルの高い会社として知られていた。過去も現在も、道徳的にも知的な意味でも、〝誠実さ〟はキャピタルの看板だった。それはジョナサン・ラブラス以来の伝統だった」

しかし、キャピタルの七〇年の歴史の中でも、伝統を傷つける行為がいくつか起こった。あるトレーダーが証券会社から発注の見返りに公開株を入手していた時は、即座に解雇した。ボストンの投信会社に勤務した経験のあるアナリストの妻が、夫の情報をもとに自分で売買していたケースでも、そのアナリストは結局退職せざるをえなかった。

一九八三年には、管理部門の上級マネジャーによるMMF（マネーマーケット・ファンド）資金の流用が発覚した。当初四万ドルと見られていた被害額は、社内調査の結果、二〇〇万ドルという巨額に達した。容疑者は可能な限り隠し続けたわけだが、心理的にはもう逮捕寸前のところまで追い詰められていたと見る者や、ホワイトカラー犯罪が頻発していたため、見つかるはずはないと油断したのだ、と見る者もいた。SECの立ち入り調査が行われ、容疑者は投信業界から放逐されたものの、会社を含め立件はされなかった。

なぜこういう事件が起こったのか？　何が原因なのか？　ラブラスは断固として解明する決意であった。

●資金の流用が、なぜもっと早く見つからなかったのか？
●キャピタルではこんなことが起こるはずがないと信じていたのか？　それとも、そういう事実には目をつぶっていたのか？
●チェックシステムは機能しなかったのか？
●問題を報告したら、報告者が責任を問われると心配したのか？

改めてキャピタルは、採用・教育から始まって問題を見つめ直し、解明する必要を痛感した。さらに重要なことは、もはや社員が嘘をついたり、ごまかしたり、盗んだりしないという前提に立つわけにはいかなくなったことだ。したがって、組織的にチェックシステムを整備しなければならなくなったのだ。

誠実さの問題は、投資家の利益を守るうえでも重要だった。たとえば一九九七年に起こった、テレビ伝道家のパット・ロバートソンの事件である。インターナショナル・ファミリー・エンタテインメント株を一般投資家は二六ドルなのに、彼だけ四〇ドルで売却する話が固まったことがある。その時、キャピタルのゴードン・クロフォードは機関投資家連合を作って反対に動いた。その結果、ロバートソンも他の投資家と同様、三五ドルでの売却に同意することになった。

さて、ビジネススクールではビジネスの歴史を教える講座で、「今、どんなビジネスで働いているか？」「今後、どんなビジネスで働きたいか？」という質問を学生に考えさせる。時間とともにビジネスが変わることを教えるためだ。二五年前、まだキャピタルの受託資産が二五億ドル（投信で一五億ドル、機関投資家で一〇億ドル）と小さかった時、ビル・ハートは数人の幹部とともにニューポートで合宿した。その当時、彼が長期的な課題として考えていた質問をみんなにぶつけてみた。「資産が一〇〇億ドルになったら、どういう組織で運営したらよいだろうか？」。周りの人たちは皆紳士だったので、資産一〇〇億ドルという一見夢のような質問には答えず話題を変えた。数年後、資産一〇〇億ドルが現実のものとなった時、ニュートンはハートに向かい、ニューポートであの質問をされた時は正直、突拍子もない質問だと思ったよ、と白状した。

「今だったら」とハートは言う。「どうやって一兆ドルの資金を運用するかだろう。その時がくれば、それにふさわしい組織が必要であり、その体制づくりが最大の課題となる」

しかし、ローテンバーグは、これまでのキャピタルの目覚ましい発展が今後も同じように続けられるかどうか疑問に思っている。「エマージングマーケットではダントツの一位。その資産は二位から九位までの合計よりも多い。外国証券投資でも二位以下の二、三社の合計額を上回っている。どちらも、これ以上シェアを上げるのは無理だろう。我々の運用資産から市場価格の上昇分を差し引くと、実質的な年平均成長率は約七％になる。これは運用部門のスタッフの成長率と同じだ。ジョナサン・ラブラスが言うように、ここでは規模の利益が働いていない。だから、いつもこう自問自答するのだ、『収益性の面でも成長性の面でも、キャピタルはもうピークに達しているのではないだろうか？』と」

時代とともに人が変わり、市場環境が変わり、ビジネスの可能性が変わっていっても、各事業部門に権限委譲をせず、また部門別のコスト配分を重視せず、会社としての一体感を維持していくことは、キャピタルにとって変化に的確に対応するための必須条件である。

一九八〇年代初め、今後の資産拡大を見越してラブラスは、主要企業の分析について二人ないし三人のアナリストが担当する方式を提案した。予想されたことだが、その提案には強い反対が起こった。コスト増の懸念もさることながら、本音は個々のアナリストの縄張りが侵されるというものだった。たしかに、主要企業や産業の分析について、時に矛盾するようなアナリストの意見を共存させる運用会社はまずないだろう。しかし、キャピタルは現在それを実行している。

キャピタルは最近、全体の組織構造を静かに変えつつある。SECとの緊密な協議のもとに、投信事業とグローバルな機関投資家ビジネスを二つのグループに分け、それらを一つの持株会社のもとで包括的に運営していこうという試みである。出資関係や情報収集はそのままにして、投資の意思決定だけを別々にしようというのだ。そしてSECの規制は会社全体にではなく、グループごとに適用される。この分離されたグループの間では、リサーチ情報は共有され、投資テーマやトレンドについても徹底的に議論されるが、口座ごとの個別の投資判断や売買に関する意見交換は一切できない（もっとも、情報を完全に共有している組織で、二つのグループの投資の意思決定がまったく独立して行われていることを示すのは、容易なことではない）。

新しい組織はキャピタル・グループ・カンパニーズ・インクと名づけられた。会社の中に分社化した会社があることを示す名前である。グループ・オブ・カンパニーズではないところがミソだ。社員もこの一体感の中で、分離した運営を実感していくことになる。この構造が投資の実情を正確に反映したものだとキャピタルは確信しており、SE

Cもその点に特別な配慮を見せてくれたのである。将来、この分離政策が功を奏すると考えられている。

それでも資産の量的拡大に伴ってさまざまな問題が出てくる。まとまった額の売買注文をどうこなしていくのか？　投資の意思決定に必要な質の高い情報をどう共有していくのか？　ますます共同作業が一般化する中で、強い個性をどう発揮していくのか？「一つのビジネスの成功は、次なるチャレンジを生む」とマーク・デニングも認めている。「そして、より多くの成功はまた、より多くのチャレンジをもたらすものだ」

キャピタルは同業他社とはまったく違う。組織のあらゆる部分が、顧客の長期的な利益をあげるために設計されている。キャピタルは口先だけではない。（みんなそう言うのだが）真に長期投資に取り組む顧客を求め、同社の運用能力と決意を理解する巨大な顧客層を作り上げてきた。

したがって、ここでは組織が戦略に影響を与えるということは起こりえない。キャピタルは意識的に「目に見える組織」を作らないようにしてきた。同様に、リーダーシップの形もどんどん変わってきた。意思決定をする個人個人が経験を重ねる中で能力を上げる以上、その責任の範囲も弾力的に設定され、個人とともに組織も成長できるように考えられている。一見すると、キャピタルは保守的で、「守り」の組織に見えるかもしれない。しかし、それはとんでもない誤解である。よく言われるように、キャピタルにとっても「最大の防御こそ最強の攻撃」なのである。ちょうど優れた長期運用成果が強力な調査機能に支えられているように、まず損失リスクの上限を定め、しかる後に超過収益を狙うのだ。

偉大なリーダーというものは、単に新たな道を切り開くだけではなく、その結果を有効に活用するものである。意思決定はそれ自体重要であるが、その決定を組織全体に浸透させることのほうがはるかに重要である。にもかかわらず、この点は見過ごされやすい。偉大なリーダーは何をなすべきかに的を絞り、組織の執行能力を築き上げる。良きリーダーはいかになすべきかを考え、それを適切に実行する。

そして、この点を逆から見れば、組織がいかに「失敗を避ける機能」を備えるか、という課題になる。社内であるプロジェクトをめぐって徹底的に検証し、どうしてもやろうという機運が高まれば、やらないという決定は難しくなる。その意味では、キャピタルの「行動しない」ことを決定する能力の高さは、他に例を見ない。偉大な指導者の最高の決定はしばしば世に残らない。なぜなら、「何もしない」からだ。しかし、何もしないこと――業界の流行に乗らないこと、一見もっともらしい内部の圧力に負けないこと、他社が気づかないリスクを取らないことこそが、生き馬の目を抜くような業界では、組織成功の決定的な要因となりうるのだ。

建設的な「ノー」という意思決定――矛盾した表現のようだが、キャピタルにとっては肝心なことなのである。長期戦略にあくまでこだわり、「失敗の可能性はどうか？」と問い続け、業界の流行には乗らない。こういう姿勢を守り続けることで、投資家、販売証券会社、社員の信頼を勝ち得てきたのである。

だからこそ、新たなビジネスチャンスが生まれるたびに、成長分野の確立と将来の問題点という、相反する視点から徹底的に議論を戦わしてきたのだ。その例は枚挙に暇がない。

第14章　ハイレベルの報酬・処遇体系

「キャピタルの株を売ったのは、一生の不覚だった」とコールマン・モートン(1)は悔やむ。何しろその後、業界最高の会社になったのだから。キャピタルの時価総額は、社内で売買される価格をもとに試算すると三〇億〜四〇億ドルになる。しかし、この数字は、同業他社の買収価格と比較すれば、実勢価格の一〇分の一にすぎない。

もっとも、市場価格は関係ない。キャピタルが売りに出されることは永遠にないからだ。こうした市場評価の分を差し引いても、非上場企業としてのキャピタルへの投資は、

（1）モートンは一時、キャピタル株の一〇％と、二〇％まで買い増せるオプションを保有していた。

過去三〇年間、年率にして約二割（しかも複利で）という驚くべき高収益をもたらしている。

もちろん、いつもそうだったわけではない。一九七〇年代の前半には若干の赤字が出ていた。一九三一年から一九五四年までの時期はならしてトントンだった。[2] 赤字の時代は、ただ一人の株主であるジョナサン・ラブラスが損失をすべて個人的に穴埋めした。この苦しい時の経験から、キャピタルは報酬・処遇については控えめにすべきことを学んでいた。

一般的には、アメリカにおける資産運用業界の報酬は極めて高いことで知られる。その仕事も、最高の相手と競争し、一流のプロと接する機会も多いというように、知的刺激に富んだものである。個別企業の実情からさまざまな産業、各国経済、証券市場の動向などに関して、広範でかつ奥深い情報が入手でき、プロとしての達成感も高い。高度の専門的職業の中にあっては、資産運用のプロほど、金銭的にも精神的にも大きく報われる仕事はないだろう。

もっとも、業界における報酬の企業間や国別の格差はかなり大きい。この差は、基本的には運用能力の違いから生まれているものの、能力以外にも報酬に影響を及ぼす要因が三つある。

第一に、入社年次である。先に入社した者ほど有利になっている。

第二に、政治的要素が働くことだ。実力者に気に入られれば有利なことは言うまでもない。事業部門ごとの収益性の影響も大きく、儲かっている部門のボーナスは高い。また、オーナーの力がどの程度強いかで、配当とボーナスの配分比率も決まる。一般的にはこの比率はオーナーの腹ひとつで決まることが多いようだ。

第三に、物を言うのが短期の運用成績である。業界における短期重視の傾向は、長期運用という本来の考え方から見ればまったくバカげている。短期の成績を決めるのは運だけだと言ってもよいからだ。

一九六〇年代から七〇年代にかけて、業界の報酬水準は高騰を続けたが、キャピタルはロサンゼルス地域の標準に合わせ、はるかに高いニューヨークの実勢は無視した。ジョナサン・ラブラスは、「懸命に働いて実績を数年にわたって示せば、会社もそれに報いる」という方針であった。しかし、ボーナスの相当部分の支払いが繰り延べられる仕

（2）株式市場が四〇％以上も高騰した一九五四年になって初めて、キャピタルは収益的に安定するようになった。

組みだったので、退職した者もいた。給与は複数の事業部門から別々にもらうようになっていたが、これは社員間の比較を難しくするためだったと思われる。今でも同僚との報酬の比較はタブーであり、昇進したければ報酬のことは口にしない方がよいとされる。とにかく、報酬面でのジョナサン・ラブラスの考え方は極めて保守的だった。[3]一九三〇年代から四〇年代にかけての苦しい時期や、それ以前のデトロイトにおける同様の経験を反映しているのかもしれない。あるいは、彼自身の資産運用ビジネスに対する根本的な考えによるものなのだろう。

ビル・ニュートンが入社した時、ジョナサン・ラブラスから、五年後にはいくら欲しいかと尋ねられたという。当時を思い起こしてニュートンは、「これはジョークではないと察して、一生懸命頭を働かせ、五万ドルと答えた。当時は一万ドルだったから、相当吹っかけたつもりだが、ラブラスの様子から見て脈がありそうだった」

一九五四年に黒字が定着すると、ラブラスは自社株の社員への配分を開始する。「ラブラスは社員を本当に仲間として見ていた」とデヴィッド・フィッシャーは感慨深げに語る。ラブラスは同業他社の株価収益率（PER）を参考にして譲渡価格を決めた（当時の代表的な企業のPERは大体二〇倍程度だった）。そして六〇歳の誕生日を迎える二カ月前に、キャピタルの持ち株の六〇％を手放したのである。

ある日、ラブラスの秘書からグレアム・ハロウェイに電話があった。昼食をとりながら話をしたいという。「まだ一年坊主で、カンザスやネブラスカで働いていたから、ラブラスのことはよく知らなかった。だから、何かまずいことでもやらかしたかと不安になった。用件を聞いた時は本当にびっくりした。ラブラスは自分のキャピタル株を私に譲ってくれると言うんだ。さらに驚いたのは、おそらく私にそんな大金はないだろうから、購入資金も貸してくれると。私はありがたくて声も出なかった」

ジョン・ラブラスは父親との約束で、生前贈与でも遺産としてもキャピタル株を一株ももらわないことになっていた。(4) ジョンが後に保有し、社員に譲渡した株は、一九五〇年代に自ら購入したものである。フィッシャーは言う。「五〇年代にとった親父さんのやり方をジョンも踏襲した。社員に株を持たせることに、ある種の義務感を持っていた

(3) ジョナサン・ラブラスの保守的な一面を紹介すると、車を運転しなかったラブラス夫人は、雇いの運転手も持たず、八〇歳を過ぎてもロス市内にはバスで行っていたという。

(4) キャピタルの顧問弁護士は、ジョン・ラブラスに過半数の議決権を持つように勧めたが、それを断ったという。ジョンの持ち株は議決権の三九%を超えることはなく、配当も支払総額の二五%を超えなかったという。

のだと思う」

キャピタルの処遇・報酬体系は、会社と顧客の目標達成に向けて個人のやる気を最大限に引き出すように設計されている。給与・ボーナスの面では他社と遜色なかったので、金銭面以外の職場の雰囲気とか、仕事のやりがい、キャリアアップの機会、経営方針や同僚といった要素が入社の決め手となった。給与・ボーナスの体系は次のように整理される。

●給与は業界トップクラスに近い。運用成績が最上位のファンドマネジャーの年収は、二〇〇万ドルをはるかに超える。ただ、すでに見たように、他社のように単年度で運用成績を見ることはせず、四年間の移動平均をベースにとらえている。

●ボーナスは貢献度によって大きく差が出る。特に抜群の成績をあげた時や、会社の業績が好調な時に、個人間の格差は拡大する。「投資判断の一つひとつが運用成績と直結し、したがって次の四年間のペイにはね返る。一時も気が抜けない」と、あるファンドマネジャーは打ち明ける。さらに会社の収益が好調だと、全員のボーナスが上がる仕組みなので、お互いの情報交換が活発になるようにも仕向けられている。

下げ相場の時はどうか？　運用手数料は受託資産の時価評価額に対して支払われるので、会社は当然減益となる。それでも業界平均以上の成績をあげたファンドマネジャーには、ボーナスを増額できることになっている。長期運用のためには不可欠な仕組みであり、それも非上場会社だからできる強みである。

●社員はボーナス配分のもとになる、複数のボーナス・プールに参加する。支給額は、会社全体の業績への寄与度と対ベンチマークの超過収益率(5)を評価して決定される。プールの総額は業績によって変動する。

●キャピタル独自の社員向け確定拠出型年金もある。これは全米二〇〇〇万の投資家が保有するアメリカン・ファンドに投資され、市場平均以上の成績をあげている。受給権は勤続六年後に発生する。

(5) 運用成績を測る過去四年間の移動平均は、最近、「四〇-三〇-二〇-一〇%」から「四〇-二〇-二〇-二〇%」へ変更になった。

社員の個人的な投資行動は、キャピタルのファンドを売買する場合を除き、他社よりもかなり厳格に規制されている。社員の八割はまったく売買することはないし、ほかは売買しても年に一、二回あるかないかである。その代わり、六〇〇〇人の社員は年金を通じてアメリカン・ファンドに積極的に投資しており、その総額は一〇億ドルに達している。

●また、キャピタルの税引き前利益のかなりの部分を分配する「特別利益分配プラン」という制度もある。対象者は約五〇〇名。毎年一月、長期的な貢献で活躍した者が指名される。自社株の配分だけでは十分機動的な処遇ができないということで、一九八一年にラブラスとシャナハンが導入した。このプランによるボーナスは、対象者や時期によって大きく違う。給与額以下のこともあれば、その三、四倍になる場合もある。支給額は公表されていない。

このプランの対象者で唯一の例外はジョン・ラブラスだった。彼は当初数年間、このプランからのボーナス受け取りを少額にし、若手により多く分配するように提案した。

●特別優秀な若手社員向けのプログラムもある。数年間の評価期間を経て、この制度の対象者になると、自社株が割り当てられる。シャナハンは言う。「若手社員の報酬は彼らの生活スタイルに合わせている。毎年の収入があまり変動しては具合が悪いだろう」

●自社株保有制度(6)は現在三五〇名の社員を対象としているが、(7)できるだけ長期の処遇と整合性をとるようにしている。「給与総額の高いスタッフには、自社株も多く持ってもらいたいと考えている」とフィッシャーは言う。持ち株は勤続年数や貢献度の累積によって増加していく。キャピタル株はA、Bクラスの二種類ある。A、

(6) 主要幹部の保有していたキャピタルの子会社株は、一九七〇年代にほぼ本社が買い取っている。たとえばエド・ハジム、スティーブ・レイノルズらが保有していたグリニッジ・キャピタル株。ボブ・カービイ、ネッド・ベイリー、ビル・ニュートン、チャック・シンプ、ジム・ダントンの五人が二%ずつ保有していたキャピタル・ガーディアン・トラスト株など。さらに重要なものとして、ウォード・ビショップが設立し、一〇〇%を保有していたアメリカン・ファンド販売株がある。

(7) 一九九〇年には、まだ七五名だった。

Bの違いは付与される議決権の差である。Bクラスは一株当たり一五票持つのに対し、Aクラスは一票にすぎない。Bクラス株の保有者は現在七〇名おり、慎重に選定されている。長期にわたる多大の貢献や、リーダーとしての信望の厚さが考慮されるのはもちろんだが、最大のポイントは、キャピタルの非公開政策の意義を十分理解し、絶対に売却しないということである。そして、Bクラス株を次の世代に伝えていくために、保有者は六五歳から七二歳までの間に全株を会社に売り戻すことがルール化されている。

社内で売買されるキャピタル株の価格は、一株当たり純資産と受託資産額および利益に基づいて一定の算式で算出される。これは想定される市場価格よりはるかに低い。さらに、若手社員のためには、購入資金の貸し出しも配慮されている。

前述のBクラス株の買い戻しルールについては、幹部の間でさまざまな代案を含めて慎重に検討された。その結果をもとにジョナサン・ラブラスが案を作り、ジョン・ラブラスが社内をまとめ上げた。それは六五歳、六七歳、七二歳の到達時にそれぞれ持ち株の三分の一ずつを買い取るというものである。ジョナサン・ラブラスがルール適用の第一号であった。引退または他社に転職する際は、Bクラス株保有者は九〇日以内に会社に売り戻さなければならない。

Aクラス株は、キャピタルに現役でいる限り保有を認められ、引退後六年間で売り戻す。ただし、競合先に転職する場合は直ちに売り戻さなければならない。

キャピタルが自社株保有制度を作り上げられた最大の要因は、ジョン・ラブラスが、ラブラス家は株を持ちすぎてはいけない(8)、社員に配分すべきだという固い信念を持ち、それを実行に移してきたことにある。そのため、ラブラスの二人の妹は遺産として保有していたキャピタル株の相当部分を提供することに同意した。なお、ラブラスは自分と家族の持株比率を大きく下げたものの、会社の成長によるキャピタル株の譲渡価格の上昇で、経済的には十分な額を得ていると考えていた。

ところで、キャピタル株の価値は、運用業界とキャピタル自体の高成長によって、過去三〇年間に二〇〇倍以上に上昇した。もっとも、このような異例な高成長は続くはずがなく、いずれ成長は鈍化すると上級幹部は考えている。「一九七三～七四年に経験し

(8) ジョン・ラブラスは一九六八年にはキャピタルの議決権の三〇%に当たる株式を保有していた。

たような暴落があれば、若手社員の生活も脅かされることになる」とカービィは心配する。

もし外部の専門家が推定するように、キャピタルの時価総額が三〇〇億ドルにも達するとすれば、ラブラスは何十億ドルという資産を社員に分け与えたことになる。社員もそう受け止めている。それぞれの世代の社員は、先輩たちの働きの成果をこれまで享受してきたし、そして同様に、次の世代のために成果を残していかなければならない。そのことを彼らは十分に理解している。結局、世代から世代へと手渡される自社株とは、現役の間は会社に貢献するという、権利よりは責任の象徴と考えられているのだ。

ジョナサン・ラブラスが病の床にあった時、看護士が彼に、人生で成功するために大切なことは何かと尋ねたことがある。その答えは、「欲張ってはいけない」という至極単純明快なものであった。ジョン・ラブラスはこの父親の教えをよく理解し、実践してきたのである。

「ジョン・ラブラスに今、何を一番心配しているか、何がキャピタルにとって脅威だと思うか、と尋ねたことがある」とフィッシャーは言う。「彼は短く『人間の欲望だ』と即座に答えた。個人の欲望、グループとしての野望こそが常に最大の脅威だ、と」

「ジョナサンの亡くなる少し前に、病室を訪ねたの」と、ニリー・シコルスキーが話してくれた。「会社が新しいオフィスへ引っ越すところだったので、高層ビルの最上階に移っても浮かれてはいけない、と言っていたわ。いつも地に足をつけて、長期的な視野を失わないように、気にかけていたのね」

一方、マーク・デニングによれば、「ジョン・ラブラスのほうは、いつも二つの言葉を意識していた。『公正』と『欲望』だ。フェアな精神を失わず、欲望に負けないように自制してきた」

ベンチャーキャピタルへの投資も一貫して重大な関心事であったが、中でも、セコイヤ・キャピタルと同社のファンドマネジャーであるドン・バレンタインとの間には長期間、密接な関係を築いてきた。そして、二〇世紀の最後の二〇年間、一〇〇人近いキャピタルの幹部社員がセコイヤに投資して高いリターンを享受してきた。しかし、キャピタルからの提案で、この特別な関係は解消されることになった。(9) 投資家の利益を最優先

(9) もちろん、IT産業や株式市場の動向に関する情報交換は引き続き行われている。

に考えるという原則に、いささかでも疑念を持たれてはいけないからだ。「李下に冠を正さず」という精神である。

不動産や税金も、社員の長期的な資産運用にとっては大きな問題である。この点、彼らがキャピタルの富裕層向けサービスを活用できるメリットは大きい。社員とその家族・相続人だけを対象とした特別な部門があり、「社員も他の富裕層と同様、質の高いサービスと受託者責任を要求してくる」という。

社員の社会的貢献に対しても、キャピタルは積極的に支援している。たとえば社員が寄付を行う場合は、一万ドルを上限にその倍額、株主の場合は三倍の金額を会社が寄付することになっている。

公正さ、寛大さ、そして献身的な働きを社員に求めるなら、まずリーダーが率先して範を垂れなければならない。このことをジム・ローテンバーグは入社してすぐ学んだという。「自社株が買えると聞いて、とにかく嬉しかったので、すぐ買った」。その時、会社の業績が悪化していることなど、知るべくもない。何しろ一九七四年は、キャピタル株が暴落した数少ない年だった。自分でも生意気盛りのアナリストだったというジムは、調査部長のところに行って、「もう少し自社株を分けて下さい。そうすれば、平均購入価格を下げられるのです」と頼み込んだのだ。数週間後、財務担当役員がやってきて、最初の時と同数の株を安く売ってもいいと言う。「その株は社長の持ち株だった。[10] 公正さ、寛大さ、献身的な働きは、まずトップから、というのがその時の教訓だ」

キャピタルの処遇体系について最後に強調したいのは、金銭面以外のことである。[11] 仕事を通じて一流のプロたちと親しく付き合い、経済・技術・政治・社会について情報交換し、洞察を共有できるということは、この会社に勤めているからこそ得られる何物にも代えがたい報酬と言えるだろう。才能豊かな彼らとともに、困難な仕事にチャレンジしていくのは素晴らしいことだし、自分の専門能力をより向上させる機会に恵まれるということは、精神的にも感覚的にも強い充足感をもたらすものなのだ。

一般に企業売却や株式の公開などで会社の出資構成が大きく変わると、その会社の報酬体系にも攪乱的影響を及ぼす。そこでは、それまでその会社が生み出した利益の総額

(10) その時、社長のジョン・ラブラスは他の幹部社員にも自社株を譲渡している。

(11) たとえば、海外出張や社内の専門研究グループへの参加を奨励している。

以上の富が突然出現することになり、その分け前をめぐって、さまざまなドラマが演じられることになるからだ。もちろん、こういう巨額の富が生み出されるということが会社売却の理由である。買い手はほとんどの場合、将来の利益を目的に買うわけだが、現実に売られるものは、過去の利益と過去に蓄積された資産でしかない。

高度なプロフェッショナル企業の買収の場合には、往々にしてマイナスの効果がつきまとう。というのも、その会社の設立時の出資者たちは、自分たちの持ち株を次の世代へ有効かつ段階的に譲り渡していく計画を考えていないばかりか、出資構造ももともとの設立グループの利益を最大にするように作られているからだ。したがって、誰がどれだけの株を取得し、金をいくら手にするのか、生々しい思惑がぶつかり合い、高度の専門性を発揮するために何よりも必要な、お互いの信頼感や仲間意識が音を立てて崩れていく。突然大金を手にして、働く意欲を失う者もあり、また金の分配にあずかれなかった者には強い不満が渦巻く。売却前、売却の過程、そして売却後の社員の厳しい体験が、仕事の質を大幅に低下させる。その結果、運用能力やサービス水準の低下を招くことになりやすい。将来の発展性も、事前に考え抜かれた公平な持ち株の移譲が行われた場合と比べると、格段に低下するだろう。そして、ほとんどの場合、顧客はこうした事実を最後になるまで知ることができない。

キャピタルはこうした業界の傾向とはまさに一線を画している。最大の違いは、主要出資者が決して会社を売却しない、永遠に上場しないと決意していることだ。過去の利益を継続的に再投資してきた結果、キャピタル株の価値が非常に高くなっていることを考えれば、極めて異例な決意と言わざるをえないだろう。

そして特筆すべきなのは、自社株の配分について常にトップの厚い配慮があったことだ。自社株の譲渡価格を低めに抑えて、できるだけ社員が保有しやすくしてきたのである。

第15章　卓越した運用能力

「株式相場というものは、絶え間なく上下するものだ」

一九九九年四月、大勢の聴衆を前にボブ・カービィは講演していた。「私は昔から相場は振り子のようなものだと見てきた。決まったリズムはないが、左右に振れる。たとえば三時には右の端、九時には左の端に振れるとしよう。三時には恐怖が市場を支配し、みんなパニックになっている。九時になると、欲望が支配的になり、熱狂的な相場になる。中間の六時は、合理的な考えやバランス感覚が物を言う時だが、振り子はすぐ通り過ぎてしまう。今の相場が熱狂の極にあるかどうかはわからないにしても、どう考えても八時半はだいぶ回っている」（その後、数年にわたって相場が下げ続けたことから見ても、実態より相当上がりすぎていたことは明らかだ。カービィの振り子は、八時半をだいぶ過ぎたところで長く止まるわけにはいかないのだ）。

カービィは投資戦略についても持論を展開した。「私は会社でも自分の年金でも、これはと思う株はすべて買ってきた。皆さんの中にはキャピタルのお客様もおられるかもしれない。でも、これだけははっきりと申し上げておきたい。私は投資戦略というものを、これまで一度たりとも持ったことがないのです」

伝統的な投資戦略は、まず経済全体の見通しから始まって、産業別の見通し、個別企業の収益予想、という流れで作られている。それは、経済見通しと株式市場の動向に合理的な関係があるという前提に立っているからだ。「しかし、私は株式ポートフォリオの運用を四〇年以上もやっているが、そんな関係を見たこともない」とカービィは断言する。

「我々はリスク以上の収益機会をもたらし、本当の意味での分散投資になるポートフォリオを作り上げようと懸命に努力している。そのためにS&P500銘柄の動きにも十分注意を払ってきた。しかし、市場ではこの数年間、信じられないようなことが続出している。たとえば、石油株のS&P500におけるウエートは一三・二％である。ところが、石油産業にまったく悲観的なファンドマネジャーが、自分のポートフォリオを一〇％にアンダーウェートして安心している。まったく評価していない石油株を一〇％

も保有しているのに、バカバカしいとしか言いようがない」

ここでカービィは、先ほど「投資戦略を持ったことがない」と言ったのは、必ずしも正確ではないと言い直した。実は彼の戦略は、経済予想から始めるいわゆる「トップダウン」方式ではなく、まず個別銘柄に注目する「ボトムアップ」方式なのだ。成長分野における強い競争力と、優れた経営能力を持つ企業を発掘し、それを納得できる価格で買うというわけだ。「徹底的なリサーチを続け、多少の忍耐力さえあれば、こうした企業を三〇社、四〇社、五〇社と積み上げていくことは不可能ではない。こうして望ましいポートフォリオが組まれていく[1]」

一般に多くの運用機関は、社内で決定された運用プロセスを忠実に守る。それは、「バリュー」(割安株)投資とか「グロース」(成長株)投資といった投資哲学の上に、美しく整合的に築かれていることが多い。そして、内部のアナリストやファンドマネジャーのみならず、外部の顧客に対してもわかりやすく、個別の投資判断を管理できるよう細部にわたって定式化されている。

(1) *Tirade of a Dinosaur*, April 1999.

これとは対照的に、キャピタルの専門家たちは、体系的な投資哲学とか運用プロセスにはまったく縛られず、個々の投資判断を自由に、最善を尽くして行っている。しかし、バリュー戦略（割安株投資）の中身が、業界一般と違うことには頭を痛めてきた。というのも、一般にはバリュー株が、低いPER、高い配当利回り、高い資産価値の企業というように狭くとらえられているからだ。キャピタルでは、いわゆる成長株も含めたすべての株の中で、数年先に現在の価格よりもはるかに高い評価を受けると予測されるものを割安株と称している。

キャピタルでは、社内のリサーチ網をフルに活用して個々の産業や個別企業の業績予想を評価するだけでなく、投資判断における多様な発想を育てることも奨励している。その結果、ポートフォリオは全体として特定の戦略的特徴を示すというより、さまざまな独自の特徴を兼ね備えたものになる。銘柄を選定する時、割安かどうかが徹底して検証されるからだ。

個々の投資判断の権限は、完全に担当アナリストとファンドマネジャーに集中している。そして、その権限に対する責任は、彼らの報酬が直接運用成果とリンクしていることで担保されている。

投資対象を選択するには、長期的な投資価値に注目する以外、特別な手法は何もない。マーク・デニングは言う。「お目当ての会社を見つけるまで、世界中をくまなく探す。やり方に特別な決まりはない。唯一の共通点は、長期的に価値を認められ、利益の出る株でなければならないということだけだ。運用プロセスでは独創的な考え方、多様な方法論が何よりも大切だ。私はフリーキャッシュフローを重視している。なかには伝統的な割安株志向で、ＰＥＲやＰＢＲ（株価純資産倍率）に注目する者もいる[2]。株価のほうにウエートを置く者もいれば、会社に夢中になる者もいる。デヴィッド・フィッシャーの場合は、経営能力に徹底してこだわり、株価にはそれほど関心を払わない」

そのフィッシャーによれば、「私は優秀な人材が結果を出している企業に好んで投資してきた。逆に、金利や石油価格といったマクロ指標で株価が動く企業は無視してきた。個人の力に注目して投資するなら、その力量を的確に判断できなければ話にならない。私は昔から有能な人材はきちんと結果を出すと信じてきた。だから、優秀な経営者を見つけたら投資をし、株主として協力していけば、必ず報われると思うのだ[3]」。

（2） *Dow Jones News Retrieval*, March 1, 1997.

個別企業に注目するボトムアップ・アプローチを取っているからといって、キャピタルが、マクロ経済動向を無視しているわけではない。ただ、マクロ経済も個別企業というミクロの視点から理解されており、その逆ではない。「タイの例がその典型です」とカリン・ラーソンは言う。「一九八〇年代初めに私たちはタイに多額の投資をしていましたが、九八年初めにはほぼ手を引きました。タイを訪問してみて、企業の経営環境がかなり悪化してきていることがわかったからです。まだGNP統計が下がり始める相当前なのに、マクロ経済の厳しい後退を示唆していました。九八年の東南アジア株暴落の数カ月前から、実体経済の落ち込みの兆候は出ていたのです」

もう一つはイタリアの電話会社STETの例である。キャピタルは同社の株を、株価が一株当たりキャッシュフローの二倍の二五〇〇リラから買い始めた。一九九一年一月、湾岸戦争が勃発すると、石油の大口輸入国であったイタリア経済は深刻な影響を受け、STETの株価は一六〇〇リラまで落ち込んだが、キャピタルはかまわず買い進めた。八カ月後、戦争が終結すると同時に株式市場は反騰に転じた。マクロ経済分析から始まる「トップダウン」という主流の見方からは、キャピタルの戦略はイタリア株の回復を期待して、その比率を平均以上に上げたものと誤解されていた。実際は、イタリア株ポートフォリオの中でSTETのウエートを高めたにすぎなかった。キャピタルは「イタリアを評価したのではなく、STETを評価した」のだった。
キャピタルは自らの投資判断をチェックするため、市場での個別企業の時価総額（株価×発行済み株数）と、アナリストの評価とを比較する。もしその価格で全株取得する気がないのなら、一〇万株でも、いや一〇〇株でも買うべきではない、という考え方なのである。そうでなければ結局、自分より愚かな誰かが、より高い価格で買ってくれるという期待を前提としていることになるからだ。それはキャピタルのやり方ではない。[4]
「投資は他人の判断との相対的な比較で行うものではない。むしろ絶対的に価値があるかどうかを見極めるものだろう」。ジム・フラートンは言う。「市場には手を出してはいけない株がゴロゴロしている。だからこそ、絶対的な魅力を探すべきなのだ」。有力企業は必ずしも投資対象として優良とは言えず、最高の企業が必ずしも最高の投資対象とは言えない、ということである。

（3）Andrew Leeming, The Super Analysts, New York : John Wiley& Sons, p124
（4）Leeming, p125

キャピタルは真の投資価値に着目する。キャピタルで「バリュー」と言えば、現在の株価が本来の長期的価値以下にある株を意味している。「我々のファンドはすべて割安株ファンドだ。個々の株は成長株かもしれないし配当株かもしれないが」とジョン・ラブラスは説明する。「我々は長期的観点から企業を徹底的に洗い直し、その株価が本来の投資価値以下にあるものを集中的に買っていくからだ」

こうした運用の基本的な考え方は、一九二〇年代のジョナサン・ラブラスにまで遡る。持ち前の優れた統計処理能力から、ジョナサンは長期運用における複利の効果と、その間に損を出さないことの重要性を十分理解していた。「途中で損を出してはいけない」という信念が大事なところだ。そして、周到な調査に基づく投資さえすれば、長期投資につきものの株価低迷の時にも投げ売りをしないですむことになる。ジョナサンは、個人投資家が激しい下げ相場で恐怖に駆られて投げ売りし、なかなか市場に戻れないうちに、回復初期の最もおいしい上げ相場を逃す傾向があるのを知り抜いていたのだ。

最高のリターンというものは、往々にして優良銘柄が人気を失うところに転がっているものだ。「しかし、そういう時には、最も強い拒否反応が示される」。ビル・ハートは説明する。「投資判断で大成功した例を見ると、だいたいその株の評価基準が変わっている」。多くのファンドマネジャーは、「超優良企業」に成長する「優良企業」を見つけようと血眼だ。しかし、実は「多少ましな」企業に改善する「最低」の会社、「まずまずの企業」に上昇する「多少ましな」企業のほうが、むしろ投資リターンの高いことが多い。だからキャピタルでは、多少なりとも好転の兆しがないか、「最低の会社」でも注意して見ている。もし好転の材料を確認できれば、長期リターンの積極的な見通しを持つことができる。特に、その会社が多くの投資家から見放されている時には、まとまった株をまずまずの値段で買えることになる。

「ある株が値下がりしている時は、大体、その株を持てない理由、買ってはいけないことをみんなが意識しているものだ」。ジム・フラートンは続ける。「しかも各種レポートで、その理由が説得力あふれる文章で書かれ、それが市場で受け入れられているのだ」。各社の投資委員会は、こうした完璧に準備された議論を好んで承認する。たとえ、大多数が見逃した材料をもとに異論を唱えるアナリストがいたとしても、こうした強固な否定的ムードの中では、意見を聞いてもらうことすら容易でない。ひ弱な少数意見は簡単に吹き飛ばされるものだが、よくよく注意して聞いてみると、素晴らしい投資判断の端緒となる場合も少なくない。キャピタルの代表的なアナリストである、ジェイソン・ピララスとゴードン・クロフォードの例を見てみよう。

入社当時、ジェイソン・ピララスは自動車産業を担当していたが、二週間後に薬品産業に転じ、以後三〇年間、この業種を担当することになる。「私は広く浅く知るより、特定のことを突っ込んでやりたいタイプだ。だから、薬品産業の特性とその成功要因を知るために、業界の内情を徹底的に調べ上げた。そうして業界を知れば知るほど、研究開発が大切であることがわかってきたんだ」

何カ月たっても、ピララスは薬品株の購入を提案しない。逆に、売却を熱っぽく主張していた。「買うまでには何年もかかった」。一九七〇年代前半のいわゆる二極化相場で、成長株は上がりすぎて極端に割高となっていたのだ。「どんなに優秀な薬品会社でも、今は高すぎる」。唯一の例外はスミスクラインだった。

「将来のことは事実でなく予想でしかない。だから私は主要薬品各社について、主力商品ごとに分析・予想モデルを開発した。コンピューターのない時代だったから、すべて巨大な紙の上に手書きで計算していった」。そうすると、スミスクラインだけは割高になっていないことが明らかになった。

「当時、スミスクラインはまったく見放されていた」とピララスは続ける。同社の業績は後発メーカーの追い上げにあって、一五年にわたって低迷し、株価収益率も大きく落ち込んでいた。

ところが、一九七〇年代半ばには、新たな抗潰瘍剤「タガメット」が開発され、FDA（米食品医薬品局）の認可を受ける直前まで来ていた。販売前から、タガメットは注目を集めた。潰瘍の患者にとっては、苦しい食事規制や療法、痛み、手術から解放される、画期的な薬だったからだ。

「私はできるだけ患者の立場に立って、潰瘍になった時にどう考えるかを想像してみた。タガメットが販売される前は、抗潰瘍剤はほとんど売れてなかった。患者から見れば当然なのだ。胃潰瘍になって医者に行くと、いやでも辛い食事制限を課される。医者はそんなことにお構いなしだ。食事制限はますます厳しくなり、アルコール類も一切禁止。人生はいっそう暗くなる。さらに、味気ないミルクを強制され、治療に伴うストレスを抑えるアドバイスもされる。そして最後に、手術はどうかと言われる。そうなると便秘も避けられなくなる。とにかく救われないのだ。だから多くの患者は医者にかからなくなり、医薬品市場から去っていく。抗潰瘍剤市場に誰も注目しないのはそのためだ。タガメットは、そうした伝統的医療に失望した、多くの患者の潜在的な需要を掘り起こしたのだ」

「ジム・ローテンバーグにはとても助けられた。ジムは私の最初の購入提案には厳しい質問が浴びせられると予想し、二人でファンドマネジャーを一人ずつ訪ね、私の分析と売上・利益予想をじっくり話し合った。スミスクラインに対する私の見方は単純だった。優良企業の株価が値下がりしているから、ほとんど下値リスクはなく、タガメットの爆発的な将来性を買う権利をほとんどタダ同然で手に入る、というものだった」

「私はこの案件に全力投球した。社内の支持を得るため、ビバリーヒルズのホテルにスミスクラインCEOのボブ・ディーと社長のヘンリー・ウェントを招き、キャピタルの主だったファンドマネジャーとの夕食会を準備した。ビル・ハートがワインを選んでくれた。ボブ・ディーが顔馴染みのビル・ニュートンに、どうして来たのかと尋ねると、『来なきゃ、ジェイソン・ピララスに首を締められる』と肩をそびやかして見せた」。夕食の席は、会社内容や業界事情については真面目に話し合ったものの、終始和やかに進んだ。「我々の仲間も、彼らが気に入ったようだ。そうなれば、まとまった投資も難しくなくなる」

ファンドマネジャーたちはスミスクラインの株をまとめて買い進み、そして待った。しかし、長く待つ必要はなかった。タガメットはまもなく世界初の売上一〇億ドルの薬品となり、キャピタルはその会社の筆頭株主となったのだ。その後数年間、スミスクラインの業績は最も強気なピララスの見通しをもはるかに上回るものであった。そして、同社はキャピタルにとっても長い間、最高の成功例として伝えられることになった。

やがてスミスクラインにも変化が訪れる。タガメットの成功による成長を持続させるには、それに続く新商品開発が不可欠であった。しかし、その商品が失敗に終わった時、ピララスは強固な財務内容やこれまでの実績を勘案しても、スミスクラインが転換点に来たことを強く意識した。そこでローテンバーグとピララスは、再びファンドマネジャー一人ひとりを訪ね、巨額のスミスクライン株の売却を進言した。当時、まだ超人気株である。証券界は過去の業績を単純に延長して、高い株価収益率にもかかわらず、こぞって推奨していた。「我々は史上三番目の規模の大売却作戦を実行した。六六・七五ドルをつけていた一億五〇〇〇万ドル以上の株を、ゴールドマン・サックスは六三ドルで全額引き取り、一時間以内に他の機関投資家にはめ込んでしまった」

以後四年間、スミスクライン株は業界平均を下回る不振を続けた。その売却代金をグラクソに投じたキャピタルの作戦はものの見事に的中した。同社のザンタックという薬が、売上ナンバーワンの大ヒットを飛ばしたからだ。こうした的確な乗り換えによる連続ホームランの効果は計り知れなかった。

一九八五年にもチャンスが巡ってきた。今度はバソテックという薬を持つメルクだ。

新薬はアメリカよりもフランスのほうが認可を取りやすく、したがって販売もやりやすいことに気づいたピララスは、急遽フランスに飛んだ。薬品の全国販売に詳しい経営者を訪ねるためである。人懐こいピララスとそのフランス人はすぐ意気投合した。当初三〇分のはずの話は二時間半にも及び、お互い本音で突っ込んで話し合えたおかげで、ピラスはフランスで薬が商品として売り出されるまでの仕組みを、隅々まで理解することができた。

長い話がようやく終わりかけたその時、フランス人は興奮のあまり立ち上がり、その拍子にピンクの伝票の束が床に散乱してしまった。それを拾い集めるのを手伝いながら、これは追加注文の伝票に違いないとピララスは確信した。通常、新薬は患者に使って様子を見て、その結果がよければ投与の範囲を広げる。このピンクの伝票は、薬の変更が急激に起きている証拠なのだ。メルクのバソテックはどんどん売れている！

帰りの飛行機の中で、ピララスはいつもの大判の分析シートを使って、フランスでの販売結果に基づいてアメリカでの売上予想の計算に熱中した。だがピララスは、薬品需要予測のプロとして次第に心配になってきた。どう計算しても、出てくる結果があまりに高すぎる。

飛行機が着陸すると、電話に飛びついてメルク本社の担当者を呼び出した。「この予測数字はムチャクチャかい？　それとも脈ありかい？」。もちろん、メルクがまともに答えるはずがない。しかし、その担当者が笑いもせず否定もしなかったため、ピララスは、自分は間違っていない、金脈を掘り当てたのだと悟った。その読み通り、バソテックはメルク最大の商品になり、キャピタルはメルクの筆頭株主となった。その後メルクの担当者からピララスは、「あの時、当社の予算は業界アナリストの予想平均をはるかに上回っていた。それなのに、あなたの予想はそれをさらに大きく超えていましたよ」と言われた。その時、リスクテイカーであるピララスはこう答えたものだ。「メルクにはメルクの予算があり、我々には我々の予想がある」

数カ月後、メルクCEOのロイ・バゲロスはピララスを社内の企画会議に招き、「彼の意見を聞いてみよう」と親しげに肩に腕を回して言った。「この人は我々以上にメルクのことを知っているんだ」。しかし、一九九九年になるとメルクの新薬開発の動きが止まってしまう。総資産は一九八五年当時の四五億ドルから、一五〇億ドルへと拡大していた。ここでピララスは売りを提言する。

「情報分析の目的は、必ずしも合理的でない世界について、合理的な説明を見出すことにある」とワルター・スターンは言う。過去は終わった世界であり、ファンドマネジャーが生きるのは予測の世界である。彼らにとっては将来こそすべてなのだが、将来確実なことは何一つない。すべてが予測にすぎない。「アナリストの仕事には二つの異なる側面がある」とピララスは言う。「一つは言うまでもなく将来の予測。予測がより長期にわたり、また平均的な見方から離れていればいるほど、利益もそれだけ大きくなる。もう一つは、仕事というよりむしろ使命と言うべきだろう。その企業の実績が予測通りなのか、予測と異なる場合には、なぜ異なるのかを明確に理解して説明することである。一見、ファンドマネジャーは直近の業況についての報告を好むが、投資の成功は正確な予測次第であり、そのほうがはるかに大切なのだ」

最近ではキャピタルは社内リサーチをもとに、年間二億五〇〇〇万ドルをはるかに超える株式に投資している。「最高の投資判断ができるように、アナリストチームには投資を惜しまない。結果は後からついてくるものだ」と自信を持ってデニングは言う。米・欧・アジアの企業経営者を対象にしたアンケート調査によれば、キャピタルのアナリストは最高の評価を受けている。(5) アナリストとファンドマネジャーによる企業訪問は、六八カ国で年間二万回近く、一日平均五五回にも及ぶ。こうした情報収集の層の厚さが高い評価の理由としてあげられている。

社内の情報共有も徹底している。そうして得られた膨大な情報は、アメリカ向け、グローバル向け、そしてキャピタル・アイデアと呼ばれる一般情報の三つに分けられ、コンピューター・ネットワークを通じて毎日社員に送られている。

キャピタルの世界中の拠点をつなぐのは、主に電話会議《コンファレンス・コール》である。特定のテーマで定例的に開かれる会議もあれば、必要に応じて随時開かれるものもある。グローバル投資をめぐって会議をする場合、ロスは早朝七時、ニューヨークは午前一〇時、東京は真夜中、ロンドンは午後三時である。毎週火曜日の同時刻に開催される会議では、事前に配布されたアナリストの売り買いの推奨リストをもとに、その適否が議論される。水曜日にはアジア株とエマージングマーケットについて会議が開かれる、といった具合である。こうした会議はあくまで活発に議論をするのが目的で、若手アナリストがベテランに調査結果を報告するといった類のものではない。すでに触れたように、キャピタルは社内テレビ会議も積極的に活用しているため、ATTは時間当たりの料金をフラット・フィーに改めたほどだ。

(5) Dow Jones News Retrieval, March 1, 1997

「ウォール街の連中は直近の出来事に目を奪われがちだ」とピラスは言う。「たしかに株価は短期的には目先の出来事で上下するが、長期的には結局、業績で決まってくる。キャピタルのリサーチが注目するのはまさにその点だ。私は事業成功の決め手となる、いくつかの要因を集中的に調べることにしている」。グローバル化した薬品産業では、巨額の研究開発投資に成功しているメーカーの主要薬品の動向を明らかにするのが基本だという。最近ではファイザーとアストラゼネカの二社がその成功例である。

「担当する産業の動向と企業内容について、徹底的に調べるのがアナリストの仕事だが、投資判断を効率的に行うには、どこかで調査を区切る必要がある。そこで私は論の〝弱い〟部分については、ネット上で意見を補強するようにしてきた」

「我々の仕事は、国民の大切な老後の資金などのために運用するのだから、その責任は重大だ。もちろん、私自身の能力にも限界があるが、薬品産業のようにサイクルの長い産業は、私のような気の長い人間には向いていると思う」

「私は、キャピタルが筆頭株主を引き受けてもいいと思う企業でなければ、購入を提案しない。我々は長期投資家であり、投資先企業の経営陣と本当の意味でパートナーとして協力する。我々は株を持続ける。彼らに対しても、『会社が戦略的に前進している限り、我々は株を持ち続ける』と言っている」

もしその会社で何が起こっていて、これから何が起ころうとしているのか、その感じをつかめさえすれば、投資の仕事はどんなに楽だろう。ジョナサン・ラブラスは投資の原則的な考え方について語ったことがある。「キャピタルの仕事は不完全な情報のもとで判断することである。しかし、これは不十分な情報のもとで判断することとはまったく違う。この違いがわからなければ、必ず失敗する。徹底的な調査を通じて投資価値を十分に把握したうえで、納得できる値段で購入し、長期間保有することだ」

ピララスは続ける。「私と妻は、証券会社のアナリストや企業経営者を自宅に招待し、最高の伊勢海老料理をご馳走する。いつも運用機関のアナリストを接待する側の彼らはとても喜んでくれる。近くの空港に到着する時間を見計らって、私は滑走路まで出迎える。ネクタイなど締めてきたら接待は取り止め、と前もって言ってあるので、彼らもTシャツ、ジーンズという軽装だ。リラックスした雰囲気で付き合い、話も弾む。もちろん極秘情報など出るわけもないが、幹部と親しくなれば、それだけ会社の実情も理解できるようになる」

「大切なのは、専門分野でも個人的にも、お互い尊敬し合えるような信頼関係を築き上げることだ。それを判定するのは簡単なことだ。我々が相手の会社の株を売った後でも信頼関係が続いているかどうかを見ればいい。一九八〇年代半ばから九〇年代末まで、キャピタルはメルクの筆頭株主だった。その後、同社の戦略展開が行き詰まり、業績が低迷し始めた時、私は経営陣に対して慎重に言葉を選んで、株を売らねばならない理由を説明した。もちろん彼らも、私の話にきちんと耳を傾け、よく理解してくれた」

ベテランのアナリストともなれば、表面的に見えるトラブルからも本質的な問題点を洞察し、したがってまた目に見えない長期的価値を発見することもできるようになる。企業の成長は通常、一つか二つの鍵となる要因によって左右されるが、だからといって、些細な出来事を無視していいというわけではない。小さな出来事が突然重要な要素に膨らむこともありうるからだ。だから、アナリストは担当業界のすべての会社の経営陣と話をし、良き人間関係を築かなければならないのだ。そして各社各様の戦略がどこまで有効なのか、またきちんと実行されているかを検証しなければならない。

こうした分析手法を身につけるには、長い長い時間がかかる。「一人前になるには、最低でも一〇年はかかるでしょう」とカリン・ラーソンは言う。「しかし、一人のアナリストに、それだけ長く一つの産業を担当させられる会社はほとんどありません。そこにキャピタルの競争力があるのです」

若手アナリストの教育のため、最近ピララスは彼らの会社訪問に同行することにしている。「私の担当企業に彼らを連れて行くと、自分の業種を学ぶ時間を奪ってしまう。

最初の一〇年は、担当業種を世界的な規模で勉強することに専念しなければならないと思う」

世界中で専門的なアナリストやファンドマネジャーが増えてくれば、特に大企業の株価形成では、あらゆる情報が瞬時に織り込まれるようになるため、市場は極めて効率的となってくる。そういう中で、キャピタルとしては卓越した人材チームをいかに有効活用し、成果に結びつけるかが最大の課題である。ただ最近気がかりなのは、大手機関投資家を中心にパッシブ運用[6]が拡大してきていることだ。もちろん、彼らの資金の一部がパッシブ運用に向けられる意義はある。ただデヴィッド・フィッシャーが憂えるのは、一九八〇年代初めの石油株ブームや九〇年代後半のITバブルのように、パッシブ運用がアクティブ運用に大きく勝った直後にパッシブに移る例が多いことだ。「これでは天井近くで資金を投入しているようなものだ。パッシブ運用をやるなら、アクティブマネ

(6) パッシブ運用に加え、「強化」(エンハンスト)パッシブと呼ばれる手法も普及してきた。これは一定の市場指標に追随するようにポートフォリオを設計しながら、特定少数銘柄については大きく強気、弱気のポジションを取るものである。

ジャーが市場平均に勝った後で実行すればいい」

最近、キャピタルを悩ませているのは、各ポートフォリオにおける現金比率をどうするかという問題である。たとえば強気相場が続く時、現金を平均七%保有し[7]、相場が年率一五%上昇するとすれば、結果として年一%負け続けることになる。これはどんなファンドマネジャーでも挽回不能のロスとなるからだ。

キャピタルのシニアアナリストの高いリサーチ能力を示す実例をもう一人紹介しよう。ゴードン・クロフォードである。映画、新聞、放送などのメディア産業を三〇年以上にわたって担当してきたベテランである。自制心が強く、明敏で、心の広い人物として同僚からの信望も厚い。主なメディア企業の経営者とも親交があり、業界の事情を深く知り尽くしていた。クロフォードの公正で的確な判断は業界内でも高く評価され、経営者からもしばしば意見を求められるほどだった。その発言は常に会社と株主のために最善と思われる視点からなされていると信じられていたし、助言も極めて中立的、さらに決して代償を求めるようなものでもなかったからだ。

数年前クロフォードは、キャピタル・グループ取締役会の非常勤会長を二年間務めた後、再びフルタイムのアナリストに復帰した。「まるで偉大な科学者のようだ。リサーチに没頭し、少しでも担当業種の理解を深められるのが何より幸せなのだ」。また、後進への指導も怠らない。周囲の人に好感を与えることもアナリストとしては大切な資質なのだ、と事あるごとに説いて回った。「人生は短いのだから、企業経営者にしても、付き合って楽しくて、研究熱心なアナリストでなければ、わざわざ忙しい時間を割いてまで会いたいと思わないだろう」

この言葉をクロフォード自身、実践していた。驚いたことに、担当企業それぞれに二〇～三〇人の、ファーストネームで呼び合えるような親しい友人たちのネットワークを作り上げていたのだ。

クロフォードの名前はメディア産業では広く知れわたっていた。バイアコムの総帥サムナー・レッドストンが七九歳で結婚し、豪邸を新築した時でも、パーティのスピーチで、「サムナー、まだ新築の家を見せてもらってないな」などと冗談を言い合える間柄だった。

「ほんのちょっとした兆候も、クロフォードは見逃さない。だからいつも他人より何

（7）平均七％の現金比率とは、複数ファンドマネジャー・システムにおいて、六人のうち一人が現金四〇％を持ち、残りがフルに投資するような水準である。

歩も先を行っている」と同僚の一人は舌を巻く。もちろんミスも、時に大きなミスもあるわけだが、アナリストとしてもファンドマネジャーとしても、長期的には画期的な運用成果をあげてきた。一〇〇倍以上に値上がりしたリバティ・メディアとキャップ・シティズが、その代表例だろう。こうした大成功があるから、AOLタイム・ワーナー[8]で失敗しても、その損失を差し引いて十分おつりがくるのだ。鋼のような意思の持ち主と弟から言われるように、クロフォードは二〇〇一年にはAOLタイム・ワーナーの株を約一億株から三億株まで買い進み、続く四カ月間、ステファン・ケース会長の解任[9]キャンペーンを繰り広げたのだ。

クロフォードの影響力は、彼の運用する持ち株をはるかに超えることもしばしばだった。数年前のことだが、キャピタルではタイム・ワーナーほか数社の株式が売買を一時的に禁止されたことがあった。弁護士の助言に基づく措置というだけで、理由は説明されなかった。実はその前の週末、クロフォードはモンタナ州の保養地で、友人のテッド・ターナー（CNNを傘下に持つターナー・ブロードキャスティングのオーナー）と釣りを楽しんでいたのだが、そこに前触れもなくタイム・ワーナーのジェラルド・レビンが現れたのだ。クロフォードはもちろん、レビンもタイム・ワーナーもよく知っていたので、両社の合併かとピンときた。その結果、彼自身と、彼の話す相手はすべて「インサイダー」となってしまったわけだ。こうして合併が公表されるまでの二カ月間、売買は控えられた。

「キャピタルのアナリストと言えば、最初はどこの会社でも丁重に会ってくれる。しかしその後は、個人としての魅力、アナリストとしての能力など、すべてその人次第だ。それぞれ自分に最もあった手法を身につけていくのだから、リサーチの仕方についてあまり指導することはない。人によって違うのだ」

「アナリストにとってはコミュニケーションの能力も大切だ。そのためにはユーモアのセンスが欠かせない。なぜなら、一流のアナリストでも一〇回に四回は間違える。時には重大なミスも避けられない。そうした辛い時期を乗り越えるには、自分で自分の欠

（8）この失敗についてクロフォードはこう語っている。「その時、自分はまるで気づいていなかった。インターネットのことも十分理解していなかった。一年前に会計上の疑惑が持ち上がった時、もっと注意しろというサインだったのに、『ちょっとした手違いだ』という経営者の説明を鵜呑みにしてしまった」

（9）"Gordon Crawford's Bet Soured. So AOL's Case Had to Go", *Bloomberg News*, January 16, 2003

点を認識し、周りの人から付き合いやすい、と思われている方がよいのだ」

「若手アナリストの中には、ウォール街のレポートの真似をする奴もいる。でも、それじゃ駄目だ。キャピタルの最大の強みである長期的分析ができない」

クロフォードはまた、メディア産業関連の知識や経験を深めるために絶えず工夫をしている。最近では社内のアナリストとファンドマネジャー向けに、二日間のメディア・セミナーをニューヨークで主催した。会議には業界トップテンの経営者たちを招き、二時間ずつ会社の現況と将来の戦略について講演してもらった後、長い質疑応答の時間をとった。招待したのはメディア王と呼ばれるルパート・マードック、ジョン・マローン（TCI）、ディック・パーソンズ（AOL）、メル・カルマゾーナ（バイアコム）といった錚々たるメンバーだ。その一週間後には、ロスでサムナー・レッドストンを囲む勉強会を開いた。

さらには毎年一度、約二〇人のメディア・チームだけのセミナーも開催している。著名なメディア経営者を招いて、二時間もっぱら議論するのだ。キャピタルでは、こうした企業経営者と議論する機会が頻繁に持たれている。

世界各地での現地調査も欠かさない。最近では、キャピタル・ガーディアンの運用担当者五〇名、エマージングマーケット担当者二八名が一緒にラテンアメリカ諸国を訪問した。一グループ約一〇名に分かれて、八カ国の企業や政府要人、エコノミストなどを一週間かけて取材したのである。また、ロンドン、ロサンゼルス、シンガポール、香港、ジュネーブ、ニューヨーク、サンフランシスコの各地から三〇名のアナリストとファンドマネジャーが日本を訪れ、日本の同僚とともに企業や政府回りをした。

こうした海外調査には直接経費だけでなく、その間は仕事を離れるという機会費用もかかる。その重い負担を考えれば、ほとんどの運用機関には思いもよらないことだ。しかし、長い目で見れば、共通の体験を通じ会社としての一体感を育てていけることは、何物にも代え難い貴重なものだろう。アジアやヨーロッパ企業の専門家が、一緒にラテンアメリカを旅行し、現地の問題や可能性に直接触れることを通じて、共通の理解が深まるわけである。また、何よりもお互いのコミュニケーションが目に見えて向上する。

キャピタルと他社の運用面の違いは、トップダウンかボトムアップかという戦略面だけではない。ほぼ業界平均の三分の一程度という、ポートフォリオの売買回転率の低さも重要な特徴である。この低い回転率が長期投資と組み合わさると、特に威力を発揮する。アナリストにはそれだけ時間の余裕が生じ、より詳細な分析が可能となるが、その分責任も重くなる。ファンドマネジャーにとっても質の高い判断ができるはずだ。他社よりもはるかに詳細な情報に基づいて、他社の三分の一の回数の投資判断をすればよいわけだから。また長期保有を前提とすれば、短期変動に心を奪われがちな群集からも遠く離れて判断を下せるようにもなる。

ところで、現在一般に見られる機関投資家向け運用は、膨大な資源とエネルギーを要する事業である。業界全体で見た保有株の回転率は一〇〇%を超えている。つまり、購入した株式の平均保有期間は一年以下ということだ。

こうした状況では、よく考えてみれば、ファンドマネジャーがどんなに産業や企業、株式市場の動向を熟知しているとしても、彼らの行動のどこまでが本来の投資で、どこまでが投機的行為なのか、区別するのはなかなか難しい。ここで単純化して考えてみよう。今、八〇銘柄の株式を保有するポートフォリオがあり、個々の株式について「いくら」「いつ」「売るか」「買うか」といった投資判断を下すとすれば、そのファンドマネジャーは一年間の各営業日ごとに平均四回、熟慮して決断しなければならないことになる。果たして毎回毎回、真剣な投資判断に十分必要な検討をしている暇はあるだろうか。

本来、投資には独創的な考えが役に立つものだ。しかし、現在のように機関投資家主流の市場では、仮に運用期間を一年に限定して、競争相手も常時自分と同じ情報を得られるとすれば、競争に勝ち続けることは不可能ではないにしても、なかなか厳しいということになる。何千という機関投資家は、インターネット、ファックス、電話、電話会議、コンピューターで網の目のような高速通信網に組み込まれ、企業、産業、市場、政府の規制、技術開発などに関する膨大なデータベース、分析モデル、研究会の成果、無数のレポート類を瞬時に入手することができるのだ。そのうえ、巨大証券会社は三〇〇名を超えるリサーチアナリストを擁し、広範囲の産業・企業に関する株価評価情報を供給することで、大手機関投資家のうま味のあるビジネス獲得にしのぎを削る。他方、機関投資家は、一刻も早く行動するための情報入手に全力をあげる。

これはあまりフェアなゲームとは言えない。上位五〇社の大手機関投資家は、一社当たり一億ドル以上の株式・債券の売買手数料を世界中の大手証券会社に支払い、その見返りとして最高の情報サービスを要求する。世界で何か起これば、彼らは一番に電話連絡を受けるようになっている。

機関投資家は市場平均以上の成績をあげようと全力を尽くしている。しかし、彼らの取引シェアが、ニューヨーク株式市場では売買高の九〇%、シカゴ市場の先物取引ではさらにそれを上回る以上、機関投資家全体としては互いに取引していることになる。しかも、ほとんどの機関投資家のポートフォリオは市場ベンチマークから大きく離れないように広く分散されている。したがって、徹底した調査に基づいて、確信を持った銘柄に投資していくのは至難の業であり、ほとんどの投資家は市場平均以上の成績をどんなに熱望しても、実現できないことになる。

この冷徹な現実こそが、キャピタルの運用にとっての出発点である。だから長期運用で成功するには、まず損失を抑えること、そして強力な「守り」は、強力な「攻め」に勝るということを理解し、基本理念としているわけである。

運用成果をめぐる競争が激化するにつれて、運用機関は次の二つの戦略のどちらかを選ぶ。①市場インデックスの動きに負けないために絶えず銘柄を入れ替える、②競争相手より一刻も早く売買するよう全力をあげる。こうして、機関投資家の平均売買回転率は一〇〇％を超えることになる。

株式市場というものは何百万という投資家の、何十億という売買行動の総和によって成り立つ以上、決して完全なものではない。間違いは日常的に起き、ITバブルのような大きな間違いも時に避けられない。しかし、情報の収集・伝達もまた市場の間違いを正していく力を持っている。だからこそ、他人の失敗に乗じて利益を出そうとする試みは、ほとんどの場合うまくいかないのだ。極端なアクティブ運用も、実は同じ前提の上に成り立っている。しかし、本来の長期投資はこれとはまったく別のものだ。

「世の中には、自分は絶対にミスを犯さないと思っている人種もいるが、そうした人は運用には向かない」とジム・フラートンは言う。「ミスを犯してはいけないと思うような人が、この仕事をすれば命を縮めるだけだ。投資に失敗は避けられず、しかもその失敗は常に誰の目にも明らかになる。だからそれを乗り越えられる気持ちの強さが絶対に必要だ」

「私はリスクを取る人間だ！」とピララスは断言する。たしかにそうだが、それはキャピタルという特殊な環境のもとでのリスクの取り方である。ピララスは常時一銘柄に巨額の投資をする。ということは、彼がアナリストとして稀に見る評価を確立したのは、いくつかの巨額の投資判断の結果と言える。社内の誰もが彼の判断を知っている。全員でなくとも、ほとんどのファンドマネジャーが彼の提案に基づいて膨大な株を買っている。だから、その判断が当たっていなければ、誰にでもすぐわかる。つまり、プロとしての名声を賭けるという意味で、ピララスは常にリスクを取っているのだ。そのうえ人間関係においても、相当押しの強い方だ。全然遠慮がないなどと言われても、「いつもそうなら、無礼とも思われなくなる」と平然としている。

ピララスはこうも付け加える。「私がリスクを取るというのは、一か八かでなく、合理的に分析して取るという意味だ。キャピタルは、企業の長期的な動きをとらえようとするのであって、時々刻々の値動きに賭けるわけではない。その企業の基本戦略が実質的に成長を伴うものである限り、株を持ち続ける方針なのだ」

ピララスは、世界の二〇社前後の薬品メーカーが開発・販売する商品の将来性を徹底的に分析する。そしてその一方で、同じ周到さをもってリスクを小さくしようと心を砕いている。現在保有する五、六社については、「世界の誰にも負けないレベルの情報をつかむことで、リスクの度合いを正確に把握している」と豪語する。主要薬品企業に焦点を当て、三〇年間徹底的に調査してきたことで、間違いなくピララスは世界最高のアナリストとなった。

「私の秘密兵器は独自に開発した商品ごとの収益予想モデルだ。薬品産業では規模の利益が決定的だ。五％の売上増は、その何倍もの利益拡大につながる。売上一〇億ドルの商品の利益は、二億ドルの商品五つの合計をはるかに超える。ヒット商品はそもそも単純だし、セールスマンも説明しやすく、広告も一行で足りる。フォローアップの研究開発も容易だ。だから利益率が高い。私は製品別の販売見通しを分析しながら、担当する二〇社ごとの主要製品の売上と収益予測の包括的モデルを徐々に改良していったのだ。ありがたいことに、今ではすべてコンピューター化しているが、当初はバカでかい紙に全部手書きで計算していたものだ」

「投資に成功するためには、判断を間違えないだけでは駄目だ。いわんや正しい判断がミスより多ければよい、というものでもない」とフラートンは語る。「的確な判断からもたらされる利益が、ミスによる損失を圧倒的に上回る時に大成功となるのだ」。ベーブ・ルースにしても、ホームランの三倍は三振している。ミッキー・マントルやサミー・ソーサだってそうだ。しかしホームランの効果を考えれば、彼らにとって三振など物の数ではない。

おわりに

キャピタル・グループのことを詳しく知りたいと思ったきっかけは、一九六七年のペブル・ビーチに遡る。ちょうどサンフランシスコ空港に向けて、私の乗ったバスが動き出す時だった。マイク・シャナハンが私の窓のほうへゆっくり近づいて来て、にこやかに手を振っているではないか。私は驚いた。彼とはこの三日間、二〇人ほどの一流ファンドマネジャーと一緒に投資セミナーに参加して知り合ったばかりだった。セミナーでの私の役目は、問題提起をして議論を活発にさせることだった。率直な性格のシャナハンも積極的に議論に加わり、いくつかの論点では私と鋭く対立した。もちろん、お互い専門家として敬意を払っていたことは確かだが、まさか別れ際に、こんな形で温かく見送ってくれるとはまったく予想外だった。

その時、私の窓側に座っていた小柄な婦人もシャナハンに手を振っているのに気づいた。「彼をご存知ですか?」と尋ねると、「息子なの。お友達の方?」「いや、三日前にお会いしたばかりです。でも三日間、投資についてあらゆる議論をする中で、彼がアメリカでも最高に優れた頭脳の持ち主であることがわかりました。それに素晴らしい会社で働いておられる」

「それでしたら、一つお願いがあるのです」とシャナハン夫人。「いったい、息子は何をしているのでしょう？　私には何も言ってくれないのです。多分、言ってもわからないと思っているのでしょう」

空港まで二時間。話をする時間はたっぷりあったが、その時の私はまだキャピタルの門を開けたばかりだった。今日のキャピタルを築き上げた人材、組織、基本戦略、人間関係などについてほとんど知らなかった。その後三五年間、私はキャピタルのことを学び続けた。特に最近の六年間は、何十人ものキャピタルのスタッフにインタビューするという、得難い機会にも恵まれた。今だったらシャナハン夫人に最高の返事ができるだろう。

読者の皆さんには、本書における私の主張をご自身の目で判断して頂きたいと思う。過去三〇年にわたり、私はグリニッジ・アソシエイツの社長として世界の二〇〇社以上の運用会社、証券会社を顧客に、市場調査に基づいて事業戦略を指導・助言してきた。

アメリカ中心ではあったが、カナダ、オーストラリア、欧州、日本の会社も対象としてきた。そういう会社の経営幹部との長期戦略をめぐる議論を通じて、私は彼らの直面する課題を知るという恩恵に浴してきた。

そんな私にとっても、本書の執筆はいろいろな意味で貴重な体験であった。その一つがキャピタルの比類なき組織運営である。一般にも「キャピタルの経営は別格だ」と言われていたが、実際にその中身に触れることができて感動もした。私が関係してきた運用などのプロフェッショナル企業の中でも、最も組織運営に優れた会社であるし、組織設計や人材のレベルという面から見れば、世界でも最高峰の会社の一つに違いない。

さて、本書を振り返って私が重要だと思うのは以下の点である。

●高度な専門職に就きたいと考えている人にとっては、キャピタルが優秀な人材に対して、いかに効果的に機会を提供するよう組織化されているか、非常に参考になるだろう。いわば専門分野での自己実現と企業目的の達成という、究極の姿がそこに映し出されているからだ。

●プロフェッショナルな組織経営のあり方を学ぼうとしている人には、社員の能力を最大限に引き出す環境づくり、優秀な人材を採用・教育してきた仕組みが参考になるだろう。そこから素晴らしい成果が生まれてくるからだ。

●もしあなたが「知識労働者」を率いる企業経営者だとしたら、気をつけた方がいい。高度な専門サービスを扱う産業だからといって、仮にキャピタルの経営手法の一部を導入しても、あまり役に立ちそうもないからだ。高水準の仕事の達成度、成果主義の人事、客観性重視の意思決定、柔軟な組織運営といった全体的な経営プロセスを抜きにしては意味がないのだ。とはいえ、キャピタル流経営をまとめて導入するのはまったく現実的ではない。膨大なエネルギーを投じて作り上げた一つひとつの組織や制度も、時とともに変化していくからだ。もちろん、常に最高のプレーヤーであることを目指し、顧客・社員・株主の三者に公平に奉仕するという基本理念は変わらないのだが。

●もし運用機関を探しているのなら、よくよく考えることだ。未来永劫つき合いたい運用先を選ぶのが目的なら、最近の運用成績やポートフォリオの内容とか、誰が担当しているかといった点にこだわってはいけない。この場合は結婚相手を選ぶような気持ちで、もっと基本的な性格や価値観、信念、能力、人格などをよく観察しなければならない。ビジネスの世界では、こうした特質が企業文化なのである。このようないわば「ソフト」の要素は、長い間、市場の変転を超えて伝えられていくものだが、運用成績のような「ハード」の要素は泡のように消えていく。運用機関で唯一永続的なものとは、リサーチや投資判断力に抜きん出た最高の人材を惹きつけ、長期的に優れた運用を可能とする企業文化ないし企業理念だけであろう。キャピタル・グループの経営幹部にとっては、運用成果は必ずしも最優先課題ではない。最高の人材を採用・育成して効率的に組織化し、適切に処遇していけば優れた成果が得られ、また次々と人材を採用していけると考えているのだ。

私はキャピタルに対して最高の敬意を抱いている。この数十年、資産運用ビジネスの世界で数多くの優れた会社を見てきたが、この会社のレベルの高さは図抜けている。しかも、極めてユニークだ。もしもあなたが兵隊の斥候で、本隊から離れ、一人で何マイルも先行してアリゾナの砂漠を横切り、グランド・キャニオンに遭遇したらどうするだろうか？　本隊に取って返して見た通りの、驚くべき光景の話をするのか、それともとても信じてもらえないだろうから、相当割り引いて話をするだろうか？　それでも信じてもらえなかったらどうするのだろう。おそらく、黙っていて、実際に彼らに見せるのが一番かもしれない。しかし、コロラド川に並行して進んでいって、グランド・キャニオンにぶつからない可能性もある。その場合はどうしたらいいだろう。

私の場合は若い時分から、「見た通りを伝えよう」と心に決めている。六六歳になって、今さら変えるわけにもいかない。私自身、最高のものを求めているし、それを見つけた以上、このとっておきの話を伝えたいと思ったのである。

キャピタルの骨格は、七〇年前に設計され、ジョナサン・ラブラスとジョン・ラブラスという二人の経営者によって作り上げられてきた。創立者としてのジョナサン・ラブラスが、超長期的な思考と創造性の重視、高度の専門性と徹底したリサーチに基づく忍耐強い運用、優秀な人材の独創性の尊重、顧客サービスの重視といった基本的な価値基準を確立した。

ジョン・ラブラスの場合は、むしろ社員の中のチームリーダーという立場だった。グローバル化路線を推し進め、いくつかの新しい戦略的分野への業務展開と社内体制の整備を成し遂げた。父親と同様、社内のプロを尊敬し、その処遇に十分配慮するとともに、手厚い顧客サービス、長期戦略的な発想、数字に基づく客観的な議論を大切にした。

ただ、この二人の貢献は偉大ではあるにしても、キャピタルの成功は多くの社員の活躍の賜であることを二人とも繰り返し強調している。そして今後とも、それは変わらないであろう、と。

社員の中のチームリーダーという役割は、プロの組織においてますます重要になってきている。組織に新たなビジョンを生み出す力をもたらすのは彼らなのだ。ちょうど両親が、子供たちの将来を決めてかからず、まず基礎的な教育機会を与えた後、自分の道を自分で決めさせるのと同じようなものだ。チームリーダーは、人材の採用と教育、働きやすい雰囲気づくり、仲間意識と自己統制のバランスの維持、コミュニケーションの活性化、さまざまな「雑音」などの排除に努力する。同時にリーダーは、各人の成果に基づく公正な人事・処遇制度を確立し、社員と組織の行動を一定の戦略目標に向けて率いていく。

キャピタルのリーダーたちのやり方は、アリストテレスがリーダーシップとして用いた三つの型——ロゴス、パトス、エトス——で説明するとわかりやすいだろう。アリストテレスによれば、ほとんどの指導者はこの三つのうちのどれかに頼っている。アリストテレスはパトスに頼る指導者に危惧を持ち、ロゴスとエトスを併せ持つ指導者を深く敬愛していた。キャピタルのリーダーたちは、ロゴスとエトスを組み合わせることで、社員に活力を与え、組織を強化してきたと言ってよいだろう。

キャピタルの物語は、「やる以上は最高の結果を出したい」という、多くの有能なプロフェッショナルの挑戦を描いた冒険談とも言えるだろう。燦然と輝く過去の業績を見れば、将来も同じような成長を続けられるのか、社員に新たな挑戦の機会を与え続けられるかは、何とも言いがたい。乗り越えるべき課題も少なくない。しかし、キャピタルに惹かれて入社してきた若い世代の高い能力と組織の強さを考えれば、この先も明るいのではないだろうか。

この本ができ上がるまでには、大勢の人たちに力を貸してもらった。キャピタルの発展にとって重要な意思決定や戦略展開については、何十人ものスタッフの方々が詳細に説明してくれ、それぞれの分野について多くの社員が気持ちよく取材に応じてくれた。長い間の非公開の伝統を破って、十分な時間をとってくれたことに心から感謝申し上げたい。

そして、ジョン・ラブラスも言うように、「キャピタルの本当の強みは、名前も知られていないような、数多くの優秀でやる気に満ちた一般社員によって支えられていることなのだ」という点をつけ加えておきたい。最後に、執筆に際しては十分客観的で正確であることを期したつもりであるが、行き届かない面があるかもしれない。それはすべて筆者の判断と責任においてなされたものであることをお断りしておきたい。

訳者あとがき

私が資産運用の仕事に惹きつけられるようになったのは、アメリカの優れたファンドマネジャーとの出会いがきっかけだった。長銀ニューヨーク信託に勤務していた一九八六年に、合弁会社経営を通じて、独立系投資顧問最大手のミラー・アンダーソン・シャード社（ＭＡＳ）と仕事をする機会に恵まれ、そこで彼らを知ることになった。ＭＡＳは九〇年代半ばにモルガン・スタンレーに買収され今はないが、当時はアメリカを代表する運用会社であった。創立者のポール・ミラー、ジェイ・シャードをはじめ、一流のプロがお互いを深く尊敬し合い、緊張感を保ちながら和気藹々とした雰囲気の中で、率直な意見交換を通じて、全米でもトップクラスの運用成績をあげていた。彼らは経済や産業、個別企業の長期的な見通しについて深い洞察力を持つだけでなく、市場心理にとらわれない、稀に見る自制心の持ち主だった。日頃から周囲に対する温かい思いやりを忘れない、本当に素晴らしい人々であった。彼らがお客を探すのではなく、多くのお客のほうから運用を委託しにやってくるほどだったが、質の高い運用を維持するために、時にMASはその要請を断り、資産の成長も緩やかにとどめるという方針を貫いていた。知性の面でも人格的にも最高の人たちが、ビジネスでも大成功を収めるのが資産運用の仕事なのだ、と私は深く感動したものである。

しかし、過去十数年の間に状況は一変してしまった。銀行・証券の大合併の実現、運用における国際化の進展などにより、MASのような独立系の優れた運用会社のほとんどは姿を消してしまった。一般に巨大金融グループにおいては、資産運用部門も銀行業や証券業と同様、短期的な収益向上が至上命題とされ、顧客資産の運用成績の向上よりも新規資金の獲得を優先する、いわゆる「アセット・ギャザリング」業務を志向しがちである。言わば資産運用業務も「普通の仕事」になってしまったのだ、と幻滅の悲哀を味わっていたところである。

ところが今回、チャールズ・エリスの『キャピタル』を読んで、十数年前にMASの人々と付き合っていた頃の衝撃的感動がまざまざと蘇ってきた。当時のMASのような会社が、まだ存在しているのだ、と。

著者のエリスは、最近引退したものの、世界有数の金融関係コンサルタント会社、グリニッジ・アソシエイツの創設者であり、三〇年にわたってその社長を務めていた。同社は機関投資家や企業など顧客へのきめ細かいアンケート調査をもとに、銀行・証券・投資顧問などの経営戦略に適切な助言を行うことで知られるユニークな会社であり、業界では極めて高い評価を得ている。特にエリスは資産運用の世界では、古典ともなった『敗者のゲーム』の著者でもあり、第一人者の一人と目されている。そのエリスから見て、キャピタル・グループは、長期的に優れた運用成果を実現するための、最も効果的な経営組織を確立してきた会社としてとらえられている。

資産運用業は何より「人」のビジネスであり、本書はキャピタルの成功の要因を、創立者ジョナサン・ラブラスをはじめとする経営陣の思想と決断に焦点を当てながら、大勢の社員に対するインタビューを通じて初めて浮き彫りにしたものである。高度にプロフェッショナルな知識産業における、有効な組織運営とはどういうものなのか、人材活用とはどうあるべきなのかが、歴史の流れに沿って具体的に述べられており、資産運用関係者のみならず、経営に携わる多くの読者にとっても興味深い内容となっている。

一般にアメリカにおけるビジネスは、良くも悪くも、個人個人の富と名声に対する強い執着をエネルギーとして展開するという面が見られるが、キャピタルの経営者は、まさしくこの二つの欲望を意識的に抑制することで長期的な成功を収めてきた。そこに本書の意外性があると同時に、単なるビジネス書を超えた、生き方への示唆に富んだ読み物としての魅力がある。

なお、原著では、キャピタルに組織図はなく、組織は常に変わり続けるもの、と述べられている。ただ、本文中にはさまざまなグループ会社名が登場し、少しわかりにくい面もあるかと思われるので、簡単に紹介しておこう。現在では、キャピタル・グループ・カンパニーズという持株会社のもとに、アメリカの国内投信を担当するキャピタル・リサーチ・アンド・マネジメントと、全世界の機関投資家運用を担当するキャピタル・グループ・インターナショナルとがある。アメリカの国内機関投資家を顧客とするキャピタル・ガーディアン・トラストや、日本のキャピタル・インターナショナルはこの後者のグループに属している。

本書の訳出にあたっては、著者の了解を得ていくつかの修正を加えている。原著では、各章の冒頭に、読者に予備知識を提供するための解説とエリス自身のまとめが付されているが、物語としての本書の魅力を損なわないように、できるだけ本文に織り込むようにした。また、個人の詳しい経歴など日本の読者にとって興味の薄いと思われる膨大な脚注や、巻末に掲載されたキャピタルの経営基本方針については割愛した。

最後に、本書の出版に当たっては、日本経済新聞社出版局編集部の佐々木八朗氏にお世話になった。『敗者のゲーム』以来のお付き合いだが、いろいろと教えられることが多かった。改めてお礼を申し上げたい。また、私事であるが、翻訳作業では妻の房子の助言にずいぶん助けられたことも、付記して感謝したい。

二〇〇五年一月

鹿毛雄二

本書は二〇〇五年二月に日本経済新聞出版社より刊行された
同名書を文庫化したものです。

日経ビジネス人文庫

キャピタル 驚異《きょうい》の資産《しさん》運用《うんよう》会社《がいしゃ》

2015年 8月 3日 第1刷発行
2023年 6月 7日 第12刷

著者
チャールズ・エリス

訳者
鹿毛雄二
かげ・ゆうじ

発行者
國分正哉

発 行
株式会社日経ＢＰ
日本経済新聞出版

発 売
日経ＢＰマーケティング
〒105-8308 東京都港区虎ノ門4-3-12

ブックデザイン
鈴木成一デザイン室

印刷・製本
凸版印刷

Printed in Japan ISBN978-4-532-19773-5

本書籍に関するお問い合わせ、ご連絡は下記にて承ります。
https://nkbp.jp/booksQA